U0089830

中國學術思想研究輯刊

七　編

林　慶　彰　主編

第7冊

皮錫瑞《尚書》學研究

何銘鴻　著

花木蘭文化出版社

國家圖書館出版品預行編目資料

皮錫瑞《尚書》學研究／何銘鴻 著 -- 初版 -- 台北縣永和市：
花木蘭文化出版社，2010〔民99〕
目 2+156 面；19×26 公分
（中國學術思想研究輯刊 七編；第7冊）
ISBN：978-986-254-166-1（精裝）
1.（清）皮錫瑞 2. 書經 3. 學術思想 4. 研究考訂
621.117 99002195

ISBN - 978-986-254-166-1

中國學術思想研究輯刊
七 編 第 七 冊 ISBN：978-986-254-166-1

皮錫瑞《尚書》學研究

作　　者 何銘鴻
主　　編 林慶彰
總 編 輯 杜潔祥
出　　版 花木蘭文化出版社
發 行 所 花木蘭文化出版社
發 行 人 高小娟
聯絡地址 台北縣永和市中正路五九五號七樓之三
電話：02-2923-1455／傳眞：02-2923-1452
網　　址 http://www.huamulan.tw 信箱 sut81518@ms59.hinet.net
印　　刷 普羅文化出版廣告事業
封面設計 劉開工作室
初　　版 2010年3月
定　　價 七編24冊（精裝）新台幣40,000元

皮錫瑞《尚書》學研究

何銘鴻　著

作者簡介

何銘鴻，一九六九年生，臺南縣人。臺北市立師範學院語文教育學系畢、應用語言文學研究所碩士，歷任臺北市、臺南縣國小教師、組長、主任等職務，現就讀臺北市立教育大學中國語文學系博士班，研究範圍以小學語文教育、經學、《尚書》學為主，已發表〈九年一貫課程下的作文教學——以中年級為例〉、〈古文尚書攷實述要〉、〈我對臺灣閩南語標音方式的看法〉、〈青山大介教授與先秦哲學研究〉、《古文尚書攷實》點校、〈《審核古文尚書案》述評——兼談古文《尚書》之真偽問題〉等論文多篇。

提　要

皮錫瑞可說是晚清研究《尚書》之大家，其《尚書》著作以條理明晰、考證翔實而聞名，尤以《今文尚書考證》一書，可說是晚清今文《尚書》學帶總結性的代表作，其書所收集的材料、表達的觀點、採用的方法、呈現的特色等，都具有一定的學術價值，惜迄今未有研究之成果。

本文即嘗試以《今文尚書考證》之原典資料為基礎，參考皮氏其他《尚書》之著作，以分析、歸納、比較的方法，針對皮氏《尚書》著作的體例、內容、方法、特色等方面，予以逐一釐析，以呈現皮氏《尚書》學在晚清學術史上之成就與地位，希望對於晚清學術史的研究上，或者有些助益！

全書章節依下列之次序安排：

第一章清末《尚書》學之發展：自歷代尚書學之發展始述，次為清末今文學派的發展，最後為清末《尚書》研究概述。期於對清末《尚書》學之發展有一概括的瞭解。

第二章皮錫瑞學記：針對皮錫瑞生平、學術立場以及皮錫瑞對《尚書》一經的基本態度作一敘述，以為進一步研究之基礎。

第三章皮錫瑞《尚書》著作述要：針對皮錫瑞幾本重要的《尚書》學著作——《今文尚書考證》、《尚書大傳疏證》、《尚書中侯疏證》、《古文尚書冤詞評議》之重點作一簡要的摘錄，以見皮氏《尚書》著作之特色與發明。

第四章皮錫瑞《今文尚書》之研究（上）：對於皮氏《今文尚書》考證條例予以歸納出幾項基本原則，並論述皮氏依此原則對《尚書》之字詞與脫誤處所進行的考證。

第五章皮錫瑞《今文尚書》之研究（下）：接續上一章，敘述皮氏在名物制度、三代史實之考證，以及歸納皮氏在考證時所使用之方法。

第六章結論：總結前述研究所得之結論與心得。

目次

緒　論

皮錫瑞（鹿門）氏，生於清道光三十年（西元 1850 年），身歷道光、咸豐、同治、光緒四朝，其時正值清末國勢危殆之際，學術上亦正是今文學派風行之時，尤以「經世致用」爲尙。皮氏自三十歲治經，由禮制入手，〔註 1〕此後專心潛研，於各經迭有創獲，論《尙書》主西漢伏生今文之學，先後撰成《尙書大傳箋》（後改稱《尚書大傳疏證》）、《尙書古文疏證辨正》、《史記引尙書考》、《尙書古文考實》、《古文尙書冤詞平議》、《今文尙書考證》、《尙書中侯疏證》等，可說是晚清研究《尙書》之大家。尤以《今文尙書考證》一書，可說是晚清今文《尙書》學總結性的代表作，其書所收集的材料、表達的觀點、採用的方法、呈現的特色等，都具有一定的學術價值，惜迄今未有研究之成果。截至目前，以皮錫瑞之著作爲研究主題之專門著作，僅有三本：

1. 《皮錫瑞經學史觀及其經學問題之探討》，許英才撰，政大中文研究所碩士論文，民國 81 年 6 月。
2. 《皮錫瑞易學述論》，高志成撰，逢甲大學中文研究所碩士論文，民國 84 年 5 月。
3. 《皮錫瑞〈詩經通論〉研究》，胡靜君撰，逢甲大學中文研究所碩士論文，民國 85 年 5 月。

〔註 1〕 據皮名振撰：《清皮鹿門先生錫瑞年譜》（台北：台灣商務印書館，民國 70 年 12 月出版），頁 16，光緒五年己卯公三十歲條所載：「是歲公始治經，於杭州得臨海金誠齋（鶚）《求古錄禮說》，喜其斷制精碻。故公於禮制，最爲精審博通。」下注云：「公壬辰七月初一日記云：『觀臨海金誠齋《求古錄禮說》，是書予己卯歲始治經時，得於浙江，喜其斷制精確。』又〈己卯寄懷欽同年書〉云：『臣精已銷，幼學多誤，乃欲稍治樸學，益振瑋辭。』」

許英才氏之著作，乃以皮氏《經學歷史》一書爲本，研究該書所呈現的經學史觀。許氏以爲：皮氏援以解釋歷代經學得失、盛衰之觀點及理論依據——亦即其「經學史觀」，實皆由推崇今文經學之立場衍申而得。（見氏著書之結論）

高志成氏之著作，則以爲皮氏易學主張，蓋有數端：（一）漢《易》是崇；（二）譏貶圖書學；（三）象數、義理並舉，然以義理勝之；（四）不當崇信僞書；（五）詁訓「卦爻辭」，以假借、轉注明之。皮氏之所以有此易學主張，探其究竟，皆源於「孔子易教」也。（見氏著書之結論）

胡靜君氏之著作，則以爲皮氏詩學蓋以發揚三家絕學爲職志，其論證之方法「摭拾舊說者多，獨創新意者少」，此爲立基於今文家法下所導致之結果。（見氏著書之結論）。

至於《春秋》一經的研究，則附見於丁亞傑撰：《清末民初公羊學研究－皮錫瑞、廖平、康有爲》〔註2〕一書。該書從皮氏的治學途徑及生平志業述起，以皮氏對於《公羊學》的論述爲基礎，針對皮氏的「經典詮釋」以及所建構而成的「經典觀」、「孔子觀」乃至於「理想世界」，作一分析研究，最後則對皮錫瑞之《公羊學》及其影響作一總結。

另大陸學者吳仰湘撰有《通經致用一代師——皮錫瑞生平和思想研究》〔註3〕一書，該書主要依據皮錫瑞的年譜、詩文、日記、和部分經學著作，對於皮氏生平活動與一生思想歷程，做一全面的考察，從皮氏的人生理想、經世主張、維新思想、講學論述等方面，進行整理與論述。書後之附錄：〈《皮鹿門年譜》糾誤〉、〈《師伏堂未刊日記》文字正誤〉二文，頗有參考之價值。

而關於皮錫瑞著作之單篇論文，則有二十三篇：

1.〈駁皮錫瑞六經出於孔說〉，時父撰，《東北大學周刊》103 期，1930 年 10 月。
2.〈皮錫瑞經學通論書後〉，楊敏曾撰，《國風半月刊》五卷六、七期合刊，1934 年 10 月。
3.〈論皮錫瑞之經學〉，王韶生撰，《崇基學報》一卷一期，1961 年 7 月。

〔註2〕丁亞傑撰：《清末民初公羊學研究——皮錫瑞、廖平、康有爲》（台北：東吳大學中文研究所博士論文，2000 年 11 月）。

〔註3〕吳仰湘撰：《通經致用一代師——皮錫瑞生平和思想研究》（湖南：岳麓書社，2002 年 1 月）。

4.〈皮錫瑞《經學通論》與陳澧《東塾讀書記》論易之異同〉，丁亞傑撰，《孔孟月刊》三十五卷二期，1996 年 10 月。
5.〈皮錫瑞《春秋通論》析評〉，胡楚生撰，《第二屆國際清代學術研討會論文》（高雄：國立中山大學中國文學系所印行），1999 年月 11。
6.〈皮錫瑞的“《春秋》非史”說與近代學術史上的《春秋》性質研究〉，晁天義、張仁璽撰，《西北第二民族學院學報》2003 年第 4 期，2003 年 9 月。
7.〈皮錫瑞詩經通論評介〉（上、下），趙制陽撰，《中華文化復興月刊》十四卷十、十一期，1981 年 10、11 月。
8.〈讀皮錫瑞經學歷史書後〉，蔡榮婷撰，《孔孟月刊》二十卷二期，1981 年 10 月。
9.〈皮錫瑞經學歷史析論〉，張火慶撰，《經學研究論集》，1982 年 10 月。
10.〈皮錫瑞的經學歷史〉，孟子微撰，《藝林叢錄》，1986 年 9 月。
11.〈皮錫瑞之史論與其政治思想〉，吳仰湘撰，《求索》，2000 年 1 月。
12.〈皮錫瑞《經學歷史》的編纂特點〉，馬少甫撰，《史學史研究》2003 年第 2 期，2003 年 6 月。
13.〈皮錫瑞「魏晉爲經學中衰時代」觀點之述評〉，陳全得撰，《孔孟月刊》30 卷第七期，民國 81 年 3 月。
14.〈皮錫瑞の學問と思想——清代湖南における公羊學〉，濱久雄撰，《大東文化大學紀要》第 29 號，1990 年 12 月。
15.〈經學與政治——皮錫瑞學術思想初探〉，馮錦榮撰，《嶺南學報》（復刊號），民國 88 年 10 月。
16.〈皮錫瑞“文明排外”思想論評〉，吳仰湘撰，《社會科學輯刊》2001 年第 4 期，2001 年 7 月。
17.〈皮錫瑞《南學會講義》探析〉，胡楚生撰，《第一屆國際清代學術研討會論文集》，民國 78 年。
18.〈皮錫瑞南學會講學內容述論〉，吳仰湘撰，《江西社會科學》2002 年第 5 期，2002 年 5 月。
19.〈論皮錫瑞變法思想的特色〉，吳仰湘撰，《船山學刊》2000 年第 3 期，2000 年 9 月。
20.〈皮錫瑞的變法思想淺論〉，宋衛忠撰，《湘潭師範學院學報》1996 年第 4 期，1996 年 7 月。

21.〈皮錫瑞變法思想淺論〉，馬少甫撰，《榆林高等專科學校學報》第 12 卷第 3 期，2002 年 9 月。

22.〈皮錫瑞"年三十始治經"說辨誤〉，吳仰湘撰，《孔子研究》2003 年第 6 期，濟南：齊魯書社，2003 年。

23.〈皮錫瑞與晚清教育變革〉，吳仰湘撰，《湖南師範大學社會科學學報》第 30 卷第 3 期，2001 年 5 月。

前三篇乃對於皮錫瑞基本的經學見解作一概論性的批評；第四～七篇則針對《經學通論》之《易》、《春秋》、《詩經》所作之研究；第八～十三篇爲皮氏《經學歷史》之史論、史觀與編纂特點之評述；第十四～十五篇乃對於皮氏學術思想內涵上的分析研究。第十六～二十一篇則針對皮氏之變法思想作一分析探究；第二十二篇辨正前賢說法之錯誤；第二十三篇則評析皮錫瑞對晚清教育變革之影響。

故今之所餘者，惟皮氏《尚書》、《禮》學尚待研究。本文即嘗試以《今文尚書考證》之原典資料爲基礎，參考皮氏其他《尚書》之著作，以分析、歸納、比較的方法，針對皮氏《尚書》著作的體例、內容、方法、特色等方面，予以逐一釐析，以呈現皮氏《尚書》學在晚清學術史上之成就與地位，希望對於晚清學術史的研究上，或者有些助益！

全書除〈緒論〉外，共分六章：

第一章爲〈清末《尚書》學之發展〉：其內容自歷代《尚書》學之發展始述，次爲清末今文學派的發展，最後爲清末《尚書》研究概述。

第二章爲〈皮錫瑞學記〉：主要針對皮錫瑞之生平、學術立場以及皮錫瑞對《尚書》一經的基本態度作一敘述，作爲進一步研究之基礎。

第三章爲〈皮錫瑞《尚書》著作述要〉：針對皮錫瑞四本重要的《尚書》學著作－《今文尚書考證》、《尚書大傳疏證》、《尚書中侯疏證》、《古文尚書冤詞評議》之重點作一簡明的摘要，以見皮氏《尚書》著作之特色與發明。

第四章爲〈皮錫瑞《今文尚書》之研究（上）〉：對於皮氏《今文尚書考證》條例予以歸納出幾項基本原則，並論述皮氏依此原則對《尚書》字、詞與脫誤之處，所進行的考證。

第五章爲〈皮錫瑞《今文尚書》之研究（下）〉：接續上一章，主要敘述皮氏在名物、制度、三代史實等方面之考證成就與缺失，並歸納皮氏在考證時所使用之方法。

第六章爲〈結論〉：總結前述研究所得之結論與心得。

第一章　清末《尚書》學之發展

清代末期即嘉慶、道光以後，經學史上由常州學派發展起來的「晚清今文經學」，與清中葉以考據見長的吳、皖兩派以及繼皖派而起的揚州學派，其治學理路迥異其趣。常州今文經學派，自開宗莊存與以下，歷莊述祖、孔廣森、劉逢祿、龔自珍、魏源，至康有爲、梁啓超等，其發展是逐漸的重視經書中所謂的「微言大義」，反對拘守馬、鄭的古文經學，面對當時國家、社會的種種問題，想用今文經學的「通經致用」精神，來挽救社稷之危亡。而清末今文學家對《尚書》的基本看法，在經過乾嘉時期對《尚書》的考辨研究之後，則是認爲「雖然僞古文是僞書，但僞古文的義理有益於封建統治，所謂『長以通於治天下』（龔自珍撰《莊存與神道碑銘》語），因此不應廢棄它。這就是清末今文經學派的《尚書》觀。」，〔註1〕因此，可以說：「今文經學派雖得到極佳的發展舞台，但僞古文卻未因此而毫無地位。」皮錫瑞對此則云：「僞孔經傳前人辨之已明，閻若璩、毛奇齡兩家之書互有得失，當分別觀之。……焦循稱《孔傳》之善，亦當分別觀之。……僞孔書相承不廢，以其言多近理……」〔註2〕以下則分歷代《尚書》學概述、晚清今文學派的發展以及晚清《尚書》研究概述三節，以見清末《尚書》學發展之軌跡。

第一節　歷代《尚書》學概述

以下參考一般經學史及《尚書》學史著作，將歷代《尚書》學的發展約

〔註1〕見劉起釪著：《尚書學史》（北京：中華書局，1989年6月第一版），頁409。

〔註2〕見皮錫瑞撰：《經學通論》（台北：台灣商務印書館，民國78年10月台五版），頁4。

略分為幾個斷代敘述，以期對清末以前的《尚書》學發展有一全面的瞭解。

一、兩漢《尚書》學

漢代在經過秦朝「焚書」及楚漢相爭的戰亂之後，廣泛蒐集儒家經典，從斷簡殘篇中陸續得到了《詩》、《書》、《易》、《禮》、《春秋》等「五經」，並將其傳經之說能成為一家之言的，逐步立於學官，如漢文帝開始立《詩經》博士、漢景帝立《春秋》博士、到漢武帝時，則「五經」皆立博士，迄漢宣帝、元帝為止，「五經」共立了十四家博士。因為他們的經文皆用當時通行的隸書寫的，稱為「今文」，用以別於秦以前之「古文」，故十四家博士皆為今文博士。

而其中的《尚書》一經是由秦博士伏生所傳下來的，他在秦朝禁《詩》、《書》及「以吏為師」，不准民間私藏典籍的情形下，將自己所掌握的《尚書》藏於屋壁，待漢王朝廢除挾書令後，才自屋壁取出，經整理僅得二十九篇，並用以教於齊、魯之間，關於這件事主要記載於《史記・儒林列傳》：

> 伏生者，濟南人也，故為秦博士。孝文帝時，欲求能治《尚書》者，天下無有。乃聞伏生能治，欲召之。是時伏生年九十餘，老不能行。於是乃詔太常使掌故晁錯往受之。秦時焚《書》，伏生壁藏之。其後兵大起，流亡。漢定，伏生求其《書》，亡數十篇，獨得二十九篇，〔註3〕即以教於齊、魯之間。學者由是頗能言《尚書》，諸山東大師無不涉《尚書》以教矣。伏生教濟南張生及歐陽生，歐陽生教千乘倪寬……自此之後，魯周霸、孔安國、洛陽賈嘉頗能言《尚書》事。

基本上，西漢所通行的即是此二十九篇今文《尚書》，〔註4〕而當時人研究《尚書》，說解《尚書》，其目的是為用《尚書》來解說人事及政治上的大道理，因此多注重於「義理」上的發揮，其特點依劉起釪先生的研究可歸納為四點，即：〔註5〕

> 經學神學化、通經致用、繁瑣與空疏、嚴師法家法

當此之時，《古文尚書》已悄悄露出曙光，最早見於記載的，屬《史記・儒林

〔註3〕其後，《漢書・藝文志》亦沿此數：「秦伯書禁學，濟南伏生獨壁藏之。漢興亡失，求得二十九篇，以教齊、魯之間。」

〔註4〕一說為「二十八」篇，其差異主要在於〈泰誓〉為伏生本原有或後得之差異、是否有〈書序〉以及〈顧命〉與〈康王之誥〉的分合，詳細論證情況可參考劉起釪先生《尚書學史》頁67～73及蔣善國先生《尚書綜述》頁21～28。

〔註5〕見劉起釪先生：《尚書學史》，頁75～86。

列傳》:「孔氏有《古文尚書》本，而安國以今文讀之，因以起其家，逸書得十餘篇。」其後劉歆嘗力爭《古文尚書》立於學官，然終究不敵諸今文經師及達官顯要的反對而告失敗，自此之後，今古文經學者，或基於學術上、政治上之地位與利益之獲得，而有若干次的「今古文之爭」。〔註 6〕而今文經學因其本身逐漸不足以爲漢王朝的經濟與政治問題找到出路，漸呈疲態，加上後來的學者又添加了許許多多庸俗、淺薄、迷信的讖緯，使得原本籠罩在陰陽五行學說下的西漢今文經學，演變成東漢的今文經學－「讖緯」。因此，今文經學雖然還佔據著「官學」的地位，卻已無法獲得傳統儒家知識份子的認同而漸趨沒落，代之而起的，是盛行於民間的古文經學。

古文經學（尚書）雖盛行於民間，然歷經衛宏、賈逵、馬融等大學者的提倡後，到了鄭玄，更以古文爲主，採納今文學說甚至讖緯之說，兼容並蓄，號稱漢代經學之「集大成」者。自此之後，今、古文《尚書》之間的鴻溝便逐漸的消弭了。

二、魏晉隋唐《尚書》學

東漢末年，鄭玄遍注群經，雜揉今古，使得互相攻訐的今古文經學，融合爲一，成爲所謂的鄭學，風行一時，三國的魏、蜀、吳諸政權都盛行鄭氏之學，如魏朝便把鄭玄本《尚書》和其他幾部古文經都立於學官，並刻了《尚書》《春秋》《左傳》等古文石經（又稱《正始石經》、《三體石經》、《三字石經》)。直到西晉司馬氏政權執政，扶植其貴戚王肅之學，而產生了鄭學與王學之爭。鄭玄融合今古、遍注群經，王肅也融合今古、遍注群經，所不同的是處處與鄭玄立異：鄭玄用古文說，王肅便用今文說駁鄭；鄭玄用今文說，王肅便用古文說駁鄭。二者雖爭論激烈，但本質上同屬章句訓詁、雜揉今古之學，而王肅注經的方法也與鄭玄完全相同，並沒有提出一套足以取代鄭學的新的解經方法，甚至僞造《聖證論》、《孔叢子》等書來作爲自己立論的根據，因此，在失去政治上的奧援之後，終究走上失敗的命運。

永嘉之亂時，歐陽大小夏侯之學及古文《尚書》皆因戰亂而失傳，到了

〔註 6〕兩漢的今古文之爭共計四次，除了第一次在西漢外，其餘三次都在東漢，其時間與主要人物分別是：①西漢哀帝時——古文學：劉歆，今文學：孔光、龔勝、師丹、公孫祿②東漢光武帝時——古文學：韓歆、許淑、陳元、李封，今文學：范升③東漢章帝——古文學：賈逵，今文學：李育④東漢桓、靈帝間——古文學：鄭玄，今文學：何休、羊弼。

東晉元帝時，由豫章內史梅賾獻了一部孔安國傳的《古文尚書》，共有經文五十八篇，四十六卷，並立於學官。自此之後，《尚書》學基本上即是以此爲張本而發展下來，一直到清朝閻若璩的《尚書古文疏證》出，才算正式瓦解了它屹立不搖的地位。

南北朝時期，受到政治的影響，南方與北方在社會與文化上有明顯的差異，就經學而言，也有南學與北學的分別。〔註 7〕南朝經學實不發達，其《尚書》的傳授依《隋書・經籍志》的記載：「梁陳所講，有孔、鄭二家。齊代唯傳鄭學，至隋，孔、鄭並行而鄭氏甚微。自餘所存，無復師說。又有《尚書》逸篇出於齊梁之間，考其篇目，但孔壁中《書》之殘缺者。」此處所說的「孔」即孔安國傳的《古文尚書》（梅賾本），而此本孔安國傳《古文尚書》由於特別強調維持封建綱常，並極力宣揚其繼承堯、舜、禹、湯、文、武、周公一脈相承的聖王之道，在文字上又能對每章每句都加以梳理、條析，用簡潔的文字做到每句都有解釋，因此，廣爲一般士子所接受而逐漸取代了鄭玄本。而北朝崇尚鄭學，治鄭氏《尚書》者以北魏徐遵明爲最，《北齊書・儒林傳》記載：「齊時儒士罕傳《尚書》之業，徐遵明兼通之。遵明授業於屯留王總，傳授浮陽李周仁及渤海張文敬及李鉉、權會。並鄭康成所注，非古文也。下里諸生，略不見孔氏注解。武平末，河間劉光伯（劉炫）信都劉士元（劉焯）始得費甝《義疏》，乃留意焉。」〔註 8〕這裡亦可知北朝以鄭玄本《尚書》爲主，直到北齊之末，學者劉炫、劉焯得到南朝學者費甝的《尚書義疏》，才將僞孔本古文《尚書》傳到北朝。

隋統一南北之後，興學崇儒，經學也隨之而統一，依《隋書・經籍志》的記載，各經大多採南學而放棄北學。唐繼隋代的統一，沿用隋代所定的經學，意欲統一經義。貞觀年間，命顏師古定五經文字，令學者學習，其後，命孔穎達、顏師古、司馬才章等人，對「五經」（《易》《書》《詩》《禮記》《左氏春秋》）進行大規模的總結性的整理，稱爲《五經義訓》，書成，孔穎達定

〔註 7〕 關於南北學風之差異，《北史・儒林傳・序》有云：「大抵南北所爲章句，好尚互有不同。江左，《周易》則王輔嗣，《尚書》則孔安國，《左傳》則杜元凱。河洛，《左傳》則服子愼，《尚書》、《周易》則鄭康成。《詩》則並主於毛公，《禮》則同尊於鄭氏。南人約簡，得其英華；北學深蕪，窮其枝葉。考其終始，要其會歸，其立身成名，殊方同致矣。」

〔註 8〕 見李百藥編：《新校本北齊書》（臺北：鼎文書局，1978 年），卷四十四 列傳第三十六，頁 583。

書名爲《五經義贊》，唐太宗改名爲《五經正義》，其後，歷經多年的修訂，於高宗永徽四年（西元 653 年）「詔頒於天下，每年明經，依此考試」，〔註 9〕由於其中《尚書正義》所據經文，乃梅賾所傳的孔安國僞古文《尚書》，而誤以爲鄭玄所傳的二十九篇眞古文《尚書》爲僞，從此僞孔本古文《尚書》的經學正宗地位便完全確立了。

三、宋代《尚書》學

宋代經學是經學發展史上的一大變局，影響後世的學術與文化極大，皮錫瑞《經學歷史》稱此時期爲「經學變古時代」，宋初八十年，經學基本上仍沿襲唐代孔穎達《五經正義》之學的餘緒，到了仁宗慶曆以後，學風轉變，與漢唐經學迥異其趣。當時的學風，多捨棄漢唐的章句注疏之學，而直接對經文本身加以詮釋，其始者，有孫復、石介、胡瑗〔註 10〕三人；其甚者，有劉敞與王安石。劉敞所撰有《七經小傳》，王安石所撰有《三經義》。王應麟的《困學紀聞》對二者有以下的記載：〔註 11〕

> 自漢儒至於慶曆間，談者守故訓而不鑿，《七經小傳》出而稍尚新奇矣；至《三經義》行，視漢儒之學若土梗。

《困學紀聞》又云：

> 陸務觀曰：「唐及國初學者，不敢議孔安國、鄭康成，況聖人乎！自慶曆後，諸儒發明經旨，非前人所及。然排《繫辭》，毀《周禮》，疑《孟子》，譏《書》之〈胤征〉、〈顧命〉，黜《詩》之〈序〉，不難于議經，況傳、注乎？」

其後，如蘇軾之《東坡書傳》，林之奇之《尚書全解》，呂祖謙之《增修東萊書說》，〔註 12〕夏僎之《尚書詳解》亦皆能獨抒己見，而不拘泥於舊說。皮錫瑞《經學通論》對宋學的《尚書》研究有一段評論云：「宋人不信古人，好矜

〔註 9〕參見（宋）王溥撰：《唐會要》卷七十七「論經義」條。收於《中國學術名著》，楊家駱主編，第 7 冊，臺北：世界書局，民 49 年出版。

〔註 10〕依《宋史・儒林傳》的記載，孫復爲學大約本於陸淳，而增新意，其說多異先儒；石介之學，以孫復爲師，力闢文章、佛、老三者之非；胡瑗「以道德仁義教東南諸生」，反對漢儒陰陽五行之說，力求平實合理。

〔註 11〕參見王應麟：《困學紀聞・卷八・經說》（上海：上海中華書局排印本，民國 20 年）。

〔註 12〕依書前之序，此由其學生時瀾所編。

創獲，獻疑《孔傳》實爲首庸。唯宋儒但知《孔傳》之可疑，而不知古義之可信；又專持一『理』字，臆斷唐虞三代之事，凡古事與其理合者即以爲是，與其理不合者即以爲非。」〔註 13〕又說：「宋儒體會語氣勝於前人，而變亂事實不可爲訓。」〔註 14〕皮氏指出宋儒捨棄舊注疏而對經文本身提出新見解是可取的，而不顧古代事實，逕爲臆斷，則不可爲訓。南宋朱熹便是此經學成就下的代表性人物，自元、明以後，科舉取士一以程朱一派學者所注之書爲本，然朱熹本人主要著作是《四書集注》、《詩集傳》，《尚書》的注則由其弟子蔡沈完成，朱熹本身《尚書》學的成就，是在疑辨僞古文。

蔡沈《書集傳》一書係依朱熹之囑，花了十餘年時間所完成，其〈自序〉云：

> 先生文公命沈作《書集傳》……又十年始克編成……沈自受讀以來，沈潛其義，參考眾說，融會貫通，乃敢折衷微辭奧旨，多述舊聞。

此書一出之後，在宋代就發生了很大的影響，大都奉爲朱子學派的重要著作，元明以來更成爲官方科舉取士的欽定本。《經義考》引何喬新曰：「自漢以來《書傳》非一……朱子所取四家，而王安石傷於鑿，呂祖謙傷於巧，蘇軾傷於略，林之奇傷於繁，至蔡氏《集傳》出，別今古文之有無，辨〈大序〉〈小序〉之訛舛，而後二帝三王之大經大法，粲然於世焉。」〔註 15〕即說明了蔡沈的《書集傳》已凌駕其他《尚書》著作之上。《書集傳》之所以如此成功，劉起釪先生認爲主要有三點：一是總結了宋學的成就，把眾多的宋儒經說擇其精華融入自己書中。二是以「理」爲斷，把字句內容作合「理」的解釋，比起漢唐經說中許多牽強的、陳腐的、勉強比附聖道王功的解釋，要來切情合理。三是其書敘述通暢簡易，文字功夫較好，爲學者所樂於接受。〔註 16〕

宋代《尚書》學的另一成就，是對於《古文尚書》的疑辨工作，北宋徽宗後期的吳棫（才老）首開懷疑《孔傳古文尚書》的風氣，其《書裨傳》一書，從文體上指出伏生今文之《書》難讀，孔安國古文之《書》好懂這一疑竇，鄭

〔註 13〕見皮錫瑞：《經學通論》（台北：台灣商務印書館，民國 78 年 10 月台 5 版），頁 71。

〔註 14〕同前注，頁 86。

〔註 15〕朱彝尊原著，林慶彰等編審，馮曉庭等點校：《點校補正經義考》（台北：中央研究院中國文哲研究所，民國 86 年 6 月初版），第 3 冊，頁 345。

〔註 16〕同注 1，頁 245。

樵有《書辨訛》七卷，專門疑辨《尚書》，其後洪邁、晁公武〔註17〕等皆有疑《尚書》之文。朱熹則是在疑僞古文一事中有著影響極大的一家，其對《尚書》的疑辨多見於《朱子語類》卷七十一～七十八及卷一百二十五當中，其內容包括了對僞《古文尚書》的本文、〈書序〉及僞《孔傳》（含〈孔傳序〉）的疑辨意見，例如《朱子語類・卷七八・余大雅錄》即云：「某嘗疑孔安國《書》是假書。……漢儒訓釋文字多是如此，有疑則闕，今此卻盡釋之，豈有千百年前人說底話，收拾於灰燼屋壁中，與口傳之餘，更無一字舛訛，理會不得！」宋代這種懷疑的風氣，到了清代的《尚書》學便繼承了下來。

四、元明《尚書》學

由於蔡沈《書集傳》在元、明兩代定爲科舉的必讀書目，因此廣大的士子都忙於應試而熟讀此書，相對的有關輔導閱讀《書集傳》的著作〔註18〕也就跟著大量問世，尤有甚者，更是出現了一些專門應付考試的《尚書》著作，〔註19〕彷彿當代聯考制度下的「參考書」一般。這類著作，嚴格來說是沒有多大的價値的，其創作目的無非是爲了應試而已，並沒有太多經義的發揮以及學問的研究。在此種學術背景的潮流下，終於在明代出現了一部有名的剽竊之作－－胡廣的《書傳大全》。此書係胡廣等人奉明成祖之令而作，在體例上，每篇先錄《蔡傳》，然後將陳櫟《尚書集傳纂疏》與董鼎《書傳輯錄纂注》〔註20〕謄錄而上，可說完全是抄襲之作。顧炎武《日知錄》卷十八「四書五經大全」條下即云：〔註21〕

> 當日儒臣奉旨修《四書五經大全》，……所費於國家者不知凡幾，將爲此書既成，可以彰一代教學之功，啓百世儒林之緒。而僅取已成

〔註17〕洪邁疑《尚書》之文見於《容齋題跋》（民國11年上海博古齋影印本）；晁公武則散見於《郡齋讀書志》（台北：廣文書局，民國56年）當中有關於《尚書》之著錄。

〔註18〕這類著作，如陳櫟《尚書集傳纂疏》、董鼎《書傳輯錄纂注》、陳大猷《書傳會通》等。

〔註19〕這類著作，如王充耘《書義矜式》、陳悅道《書義斷法》、倪士毅《尚書作義要訣》等。

〔註20〕見陳恆嵩撰：《五經大全纂修研究》（台北：私立東吳大學中國文學研究所博士論文），民國87年。

〔註21〕見顧炎武《日知錄》（清光緒14年，上海點石齋石印本，國家圖書館善本書室微捲）。

之書，抄謄一過，上欺朝廷，下誑士子，唐宋之時，有是事乎？……制義初行，一時人士盡棄宋、元以來所傳之實學，上下相蒙，以饕祿利，而莫之問也。嗚呼！經學之廢，實自此始。

另外，有一部份的《尚書》著作能擺脫蔡《傳》的藩籬而進行獨立研究，算是比較有價值的，例如許謙的《讀書叢說》便能夠直承漢唐舊儒解經之風氣，不為科舉所牽絆，《四庫全書總目》云〔註 22〕：「自蔡沈《書集傳》出，解經者大抵樂其簡易，不復參考諸書，謙獨博核事實，不株守一家，故稱《叢說》。……宋末元初說經者多尚虛談，而謙於《詩》考名物，於《書》考典制，猶有先儒篤實之遺，是足貴也。」另外，還有王天與《尚書纂傳》、黃鎮成《尚書通考》也是。而元明兩代《尚書》學眞正的價値所在，是在考據辨僞方面，這方面的成就可以趙、吳、梅三人為代表：最早是元初趙孟頫《尚書今古文集注》一書，將《尚書》分別出今文、古文，而以古文為僞，啓發吳澄等人的《尚書》研究。其次為吳澄，撰《書纂言》四卷，獨釋今文二十八篇，他根據吳棫、朱熹之說，指出「梅氏所增二十五篇，體制如出一手，採集補綴，雖無一字無所本，而平緩卑弱，殊不類先漢以前之文。……斷斷然不敢信此二十五篇之為古書。」〔註 23〕

到了明代，鄭瑗、梅鷟、焦竑、郝敬〔註 24〕等人，皆有著作懷疑僞古文，其中最著名的當推梅鷟的《尚書譜》及《尚書考異》二書。梅氏治《尚書》之成就在於對《尚書》之疑辨，不只是停留在文字難易的區分上，而是開始運用搜尋證據的科學方法加以證明：一是歷史事實的證據，一是文獻證據。前者指出西漢景帝、武帝時無人知有此古文本，劉向、劉歆、班固、馬融、鄭玄、何晏、鄭沖、杜預、王肅等亦未見此古文；書中所引之地名，亦往往誤置後代之地名，顯非西漢孔安國之書。後者則揭露了僞《古文尚書》中〈大禹謨〉、〈益稷〉、〈五子之歌〉、〈胤征〉……〈冏命〉各篇中一些剿襲先秦文獻的情況與其文句之「所本」。這些都足以作為判斷《孔傳》作僞的鐵證。

〔註 22〕見《四庫全書總目》（台北：藝文印書館，民國 86 年 9 月初版），經部・書類二，頁 279。

〔註 23〕見吳澄《書纂言》（明嘉靖己酉顧應祥滇中刊本，國家圖書館善本書室微捲）目錄後之識語。

〔註 24〕鄭瑗有《井觀瑣言》三卷，焦竑則見於《焦氏筆乘・續集》卷三之「《尚書》古文」條，郝敬則有《尚書辨解》十卷。

五、清中葉前之《尚書》學

清中葉前《尚書》學主要成就在於清初「回歸原典」〔註25〕運動下對《尚書》所進行的考辨，以及乾嘉時期吳、皖派所進行的各項研究。從宋朝的吳棫、朱熹開始經過吳澄、梅鷟等人的努力，對僞古文《尚書》的考辨已有了足夠的學術累積，在閻若璩之前或同時的學者，如黃宗羲、顧炎武、朱彝尊、馬驌、胡渭、馮景、姚際恆等人，〔註26〕已開始涉及這一學術史上的大事。

閻若璩於清順治二十年（1655）開始懷疑古文《尚書》，經過將近四十餘年的努力，於康熙三十八年（1699）完成四卷，康熙四十三年（1704）過世後仍未完成全書，而由其子閻永整理完成。全書共八卷，一百二十八條，闕疑者計二十九條，書中運用梅鷟在《尚書》研究中使用的蒐集證據的方法，並於深度廣度上加以延伸：「從書籍之著錄、篇數考辨」、「從《尚書》佚文證《古文尚書》之僞」、「從抄襲古書字句和文意處辨別」、「從禮制、官制、曆法、地理等證《古文尚書》之僞」、「從僞書的文章考辨」〔註27〕等五大方面來考定孔氏本之僞，至此使僞古文作僞之跡大白於世，鐵證如山，《四庫全書總目》〔註28〕云：「至若璩乃引經據古，一一陳其矛盾之故，古文之僞乃大明。所列一百二十八條，毛奇齡作《古文尚書冤詞》，百計相軋，終不能以強詞奪正理。」經過閻氏這一成功的考證，終於將這千年以來的懸案加以解決，清乾嘉時代學者所以能順利去研究《尚書》中的字音、字義，或典章制度，自是清初學者「篳路藍縷，以啓山林」之功。〔註29〕

自乾、嘉時代起，研究《尚書》的學者遂投入全面研究整理的工作，包括全面蒐集整理漢代古文、今文各種資料，對今文各篇從語言、文字、語法、詞彙等方面作精密的研究等。其著名者，如吳派江聲，所著《尚書集注音疏》，疏釋漢代二十九篇，其中〈泰誓〉是重新蒐集漢代逸句編成的漢〈泰誓〉，另蒐集了「百篇」中十幾篇的一些逸句。王鳴盛《尚書後案》一書，專門發揮鄭玄一家之學，有關東漢古文學家解經資料蒐集堪稱詳備。皖派段玉裁撰《古

〔註25〕參見林師慶彰：〈晚明經學的復興運動〉一文，收於《書目季刊》十八卷三期（民國73年12月），頁3～40。

〔註26〕參見林師慶彰：《清初的群經辨僞學》（台北：文津出版社，民國79年3月初版），頁185～221。

〔註27〕同前注，頁155～184。

〔註28〕見《四庫全書總目》（台北：藝文印書館，1997年9月）第1冊，頁290。

〔註29〕見林師慶彰：《清初的群經辨僞學》，頁249。

文尚書撰異》考定由今文二十八篇析成的古文三十一篇，按句蒐集異文異說，分析文字句讀問題，逐句將今文、古文辨析清楚，並根據文字學原理及漢魏文字資料，斷定唐衛包改錯的字。王念孫、王引之父子所撰《廣雅疏正》、《讀書雜志》、《經傳釋詞》、《經義述聞》等書，嘗試以訓詁學解決各經的問題，並將過去許多虛字解成實義者予以糾正，將假借字解成本義者予已指明，使的過去讀不通的《尚書》逐漸可以通讀。其後有吳派孫星衍綜合上述諸家的成就，並仿孔穎達撰《尚書正義》之例，撰成《尚書今古文注疏》，專釋今文二十九篇，意欲「繼承聖學、道統」、「網羅放失舊聞、存其是而削繁增簡」、「分別今古文、補時人《書》之缺失」，並「立於學官、代替舊疏」。〔註30〕

在《尚書》單篇的研究上，以胡渭的《禹貢錐指》成就最大，胡渭利用參與纂修《清一統志》的機會蒐集許多地理資料，六十二歲回家開始撰寫《禹貢錐指》，至六十七歲成書。《四庫全書總目》評曰：「如禹河初徙、再徙及漢、唐、宋、元、明河圖，尤考究精密。書中體例：亞一字爲「集解」，又亞一字爲「辯證」。歷代義疏及方志輿圖，搜採殆遍，於九州分域、山水脈絡、古今異同之故，一一討論詳明。宋以來負寅、程大昌、毛晃而下，注〈禹貢〉者數十家，精核典贍，此爲冠矣。」〔註31〕

第二節　清末今文學派的發展

乾嘉學術的成就，在於其採用嚴密的歸納方法，以及自聲韻訓詁入手的考證門徑。這樣的結果固然造就了清學光輝燦爛的一頁，然而，也免不了有其侷限性，梁啓超在《清代學術概論》中即云：

> 考證學之研究方法雖極精善，其研究範圍卻甚拘迂，就中成績最高者，惟訓詁一科，然經數大師發明略盡……其名物一科，考明堂，考燕寢，考弁服，考車制，原物今既不存，聚頌終末由決；典章制度一科，言喪服，言禘祫，言封建，言井田，在古代本世有損益變遷，及群書亦末由折衷會通。夫清學所以能奪明學之席而與之代興者，毋亦曰彼空而我實也，今紛紜不可究詰之名物制度，則其爲空

〔註30〕見吳國宏：《孫星衍《尚書今古文注疏》研究》（嘉義：中正大學中國文學研究所碩士論文，民國83年），頁67～71。

〔註31〕見《四庫全書總目》（台北：藝文印書館，1997年9月）第1冊，頁294。

也，與言心言性者，相去幾何？〔註 32〕

梁氏所敘述的，在乾嘉學風影響下以研究東漢古文經說為主的經學，其發展已逐漸流於瑣碎，不能滿足學者之所需。再者，自嘉慶一朝，清政權已漸露疲態，動亂的隱憂逐漸表面化，道、咸以後，內憂外患，紛陳迭來，吏治腐敗，人民歷經戰亂，社會元氣大傷，於此政治、經濟、社會遭逢空前變動之際，學術乃不得不變。於是在強調「經世致用」〔註 33〕的目標下，上溯西漢時期以《公羊》學為主的今文經學，期從經典的研究當中，得出「微言大義」，以扭轉頹勢於當世。

西漢的今文經學基本上可以說是以《公羊》學為主，當時之大儒如董仲舒等所治即是《公羊》，但是自何休《公羊傳解詁》以後，《公羊》學便隱晦不興。直到清朝戴震的弟子孔廣森體《公羊》學久成絕學，清人於諸經多有所治，唯獨《公羊》乏人問津，於是乃努力撰《公羊通義》一書，成書在莊存與之前，然以「不明家法」之故，治今文學者多不宗之，因此所發生的影響並不大。梁啓超對此則有一段評論曰：〔註 34〕

> 今文之中心在公羊，而公羊家言，則眞所謂「其中多非常異議可怪之論」。自魏晉以還，莫敢道焉。今《十三經注疏》本《公羊》雖用何注，而唐徐彥為之疏，於何義一無發明，《公羊》之成為絕學，垂兩千年矣。清儒既遍治古經，戴震弟子孔廣森著《公羊通義》，然不明家法，治今文學者不宗之。今文學啓蒙大師，則武進莊存與也。存與著《春秋正辭》，刊落訓詁名物之末，專求所謂「微言大義」者，與戴、段一派所取途徑，全然不同。

而眞正發生影響的，是由常州武進人莊存與開端。莊存與生於清康熙五十八年（1719），卒於乾隆五十三年（1788），應當算是乾嘉時代的人，不過由於他兼研今古文經學，在今文方面所著之《春秋正辭》，說經不談名物訓詁，而專求「微言大義」，尤為晚清今文學家所重，每每在晚清今文學之譜系上，視

〔註 32〕見梁啓超：《清代學術概論》，收於《中國近三百年學術史——附「清代學術概論」》（台北：里仁書局，民國 89 年 5 月 30 日初版 2 刷），頁 60～61。

〔註 33〕李威熊先生曾對晚清時期治經的情況，就其動機而言分為四種：「1.為考證求眞而疑經，2.為闡發經義而疑經，3.為經世需要而疑經，4.因學派不同而疑經。」而就當時乃至後來的發展觀察，居於「主流」地位的應是「為經世而疑經」，見李氏著〈晚清的疑經風氣及其時代意義〉一文，收於《清代經學國際研討會論文集》（台北：中研院中國文哲研究所編，民國 83 年 6 月初版），頁 401～417。

〔註 34〕見梁啓超：《清代學術概論》，頁 64。

其為始祖，〔註35〕而一般學者亦往往將存與所傳此系家學稱為「常州學派」，而就其《詩》、《書》、《禮》、《樂》、《易》等經的著作如《毛詩說》、《周官說》等所主張，則多為古文學家之言。這種今、古文兼治的情形，使其治學途徑和當時的吳、皖兩派並不一樣。

受到莊存與之影響，莊氏族子莊述祖、外孫同縣劉逢祿、長洲宋翔鳳都研究今文學，尤其是莊述祖，更是常州學術之始分今、古者。莊述祖著《尚書今古文考證》、《毛詩考證》、《說文古籀疏證》、《歷代載籍足徵錄》、《五經小學述》、《珍藝宧文鈔》諸書，其考釋經傳，校刊異文，每以今文、古文家法，衡量去取。

劉逢祿（1776～1829），江蘇武進人，幼承外家之學，多出述祖教授，莊存與「叩以所業，應對如響，歎曰：『此外孫必能傳其學』」〔註36〕劉氏亦嘗自云：「從舅氏莊先生治經，始知兩漢古文、今文流別。」〔註37〕十三歲時，「求得《春秋繁露》，益知為七十子微言大義，遂發憤研《公羊傳》何氏《解詁》，不數月盡通其條例。」〔註38〕劉逢祿著作頗多，於各經皆有撰述，其《書》主莊氏，受莊述祖影響很深，撰《尚書今古文集解》，書中擬定五條條例：一、正文字，二、徵古義，三、祛門戶，四、崇正義，五、述師說。其「述師說」即莊存與、莊述祖之學。而其致力最深者，則是《春秋》。劉氏認為「《春秋》垂法萬世」，「為世立教」，是「禮義之大宗」，能「救萬世

〔註35〕蔡長林先生在其博士論文中，曾對莊存與是否為晚清今文學派之始祖有一番論證，他認為從莊存與身為皇家導師的身份，及其著作本身來考察，他並非是主張今文學的。蔡氏云：「存與之書既不主今文學之立場；終存與之世，其學亦不顯於當時考據盛行的學術界中，理當無由與當時的學界甚至是晚清今文學產生任何關聯。……常州學術之轉折，關鍵處當在莊述祖。」又云：「學者每以《春秋正辭》之故，而推存與宗西漢之學，竊以為，正如同存與取資《公羊》而意實在《春秋》其重於西漢者實在據以可推三代理想，所以他所重視者，並不在《公羊》或西漢本身。」見氏著《常州莊氏學術新論》（台北：台灣大學中文所博士論文，民國89年6月），頁26～27。詳細論證，則參閱該論文第二章。

〔註36〕見〈申受公行述〉，收於《武進西營劉氏家譜》卷六，民國18年，出版地、出版者不詳，又查湯志鈞先生〈清代經今文學的復興〉一文註釋10所載為劉承寬所撰，亦未載出版者，該文收於林慶彰編：《中國經學史論文選集》（下冊）（台北：文史哲出版社，民國82年3月初版），頁623～644。

〔註37〕見劉逢祿〈跋杜禮部所藏漢石經後〉，《劉禮部集》（道光十年思誤齋刊本，卷九），頁20。

〔註38〕同注5。

之亂」，〔註 39〕在《春秋》三傳中，最能知類通達，闡微顯幽的是《公羊傳》，故於《公羊傳》多所用心，著《公羊春秋何氏釋例》，自謂束髮受經以來即孜孜於董仲舒、何休的今文經說，認爲聖人之道，莫備乎五經，而五經之首要則是《春秋》。曾云：「撥亂反正，莫近《春秋》，董、何之言，受命如響，然則求觀聖人之志，七十子之所傳，舍是奚適焉，故尋其條貫，正其統紀，爲《釋例》三十篇」。〔註 40〕又作《左氏春秋考證》，認爲《左傳》乃經過劉歆等人的增飾、附會，左氏著作之初，本未嘗求傳於《春秋》之義，後人增設條例、推演事跡，強以爲傳《春秋》，以期奪《公羊》博士之師法與地位，因此，必須還《左氏》之本眞。此外，還著有《春秋公羊解詁箋》、《申穀梁廢疾》、《申左氏膏肓》等。

宋翔鳳（1776～1860）與劉逢祿同年，其母爲莊存與姪女，亦從莊述祖治今文經學，因位於乾嘉漢學至道咸今文學轉變的環節當中，故其學亦具有兩派的特徵。其所著《小爾雅訓纂》、《周易考異》等屬於訓詁、校勘之作，《過庭錄》一書的內容則包括了天文、地理、服飾、車制等內容的「考證」，可說是與乾嘉學者的論述相當，而《大學古義說》、《論語說義》、《四書纂言》等則多爲發揮孔門義理之作。宋氏的考證意欲建立在義理的尋求之上，欲在名物制度研究的基礎上，建立和宋儒不同的義理，以探求孔門「微言大義」爲目標，而此種研究路徑則開闢了晚清今文經學發展的風氣。

將常州今文學經學發揚光大且頗受當時社會重視的，當是劉逢祿的門人：龔自珍與魏源。在乾嘉時期，復興今文經學的莊存與、劉逢祿、宋翔鳳等人，雖然已開始援引《公羊傳》的某些觀點來議論時政，但其目的似乎仍在鞏固帝王的統治，尙未有眞正的改制思想，直到鴉片戰爭（1840）以後，由於西方帝國主義的入侵，魏源和龔自珍才以《公羊傳》的改革思想爲基礎，大膽地揭露當時社會的各種腐朽黑暗的情況，積極的提倡改革，常州公羊學到了龔魏二人之後也才大顯於世，影響晚清學術至深且鉅。

魏源的經學著作十分豐富，其中刊刻流傳的專著只有《詩古微》、《書古微》，其餘思想言論則收於《魏源集》當中。其《尚書》學的主要思想是在「發

〔註 39〕見劉逢祿《釋內事例》，收於《劉禮部集》（清道光十年思誤齋刊本，卷四），頁 4。

〔註 40〕見劉逢祿《春秋公羊釋例・序》，收於《劉禮部集》（清道光十年思誤齋刊本，卷三），頁 23。

明西漢《尚書》今、古文之微言大義，而闢東漢馬（融）、鄭（玄）古文之無師傳，〔註 41〕其次，又旁搜遠紹，對《尚書》研究中的一些具體爭論問題提出自己的見解，例如「補〈舜典〉而並補〈湯誥〉，又補〈泰誓〉三篇，〈武成〉二篇，〈牧誓〉一篇，以及〈度邑〉、〈作雒〉爲〈周誥〉之佚篇……又正〈典〉、〈謨〉『稽古』、『爲一通三統』，正『放勳』、『重華』、『文命』爲『有天下之號而非名』」〔註 42〕等。另外對於《尚書》篇中的〈禹貢〉問題，則「充分利用各種典籍、史志，博引鉤沈，參對古今，詳加考定；另外，他以實地調查爲主要手段，利用朝考、歸省、訪友、赴任等一切機會，遊歷名山大川，清其源流，明其走向，度其位置，再參稽史志，推出自己的新見。這些見解都是魏源實地考察後所下的判斷」〔註 43〕又觀其所著之《聖武記》、《海國圖志》及所編之《皇朝經世文編》等，亦可見其留心時務，欲貫經術、政事、文章爲一之立場。

龔自珍乃段玉裁的外孫，年十二即從外祖受許氏《說文》部目，自謂是「以經說字，以字說經之始」，〔註 44〕故其有「文字聲韻」之家學淵源；又嘗治史學，認爲史學所以經世。唯能將歷代之興亡、得失、利弊之跡，了然於心，使「史事」之意「活用」，方能得經、史治世之本意，頗受章學誠「六經皆史」說之影響；其後又從劉逢祿治公羊春秋，然對於公羊思想有其一套取捨標準，並未完全繼承劉氏之說，「詳析自珍之公羊學……之特色在：『從論學到論政』；也就是改變以往論公羊於『典籍』，使成爲論公羊於『時政』。自珍對公羊學的態度，是採取直捷擷取運用的方式，未嘗汲汲於建立一有體系之理論或條例。蓋自珍之志趣，本在議政經世；而公羊之微言大義，蘊意深遠，正足以爲其議政之援。故自珍之公羊學，就其本身學術思想而言，是代表著『積極』和『活潑』的意味；對常州學的發展而言，則是開『援經議政』之先河。晚清學者論政，每喜援公羊，自珍時開風氣者。」〔註 45〕

〔註 41〕見魏源〈書古微・序〉，收於《魏源集》（台北：漢京出版社，民國 73 年），頁 109～115。

〔註 42〕同前注。

〔註 43〕見李漢武：〈魏源的經學思想〉，收於林慶彰編：《中國經學史論文選集》下冊（台北：文史哲出版社，民國 82 年 3 月初版），頁 677。

〔註 44〕吳昌碩：〈定盦先生年譜〉，收於《龔自珍全集》（台北：河洛出版社，民國 64 年）附錄，頁 589～632。

〔註 45〕見張壽安：《龔自珍學術思想研究》（台北：文史哲出版社，民國 86 年 4 月初版），頁 13。

至於在《尚書》學方面，自珍的發明並不突出，其議論主要見於〈泰誓答問〉二十六則（收於《龔自珍全集》中），分別針對《尚書》的篇數、〈書序〉、今古文、〈泰誓〉、古文《尚書》篇卷等問題提出自己的看法，他認爲漢代今文無〈泰誓〉，而二十九篇今文之中，〈顧命〉與〈康王之誥〉是分爲兩篇；其次，漢古文除同於今文的二十九篇之外，其逸篇中亦無〈泰誓〉，基本上自珍對《尚書》的立場是「今古文兼採，無所偏廢」，今古文的差異只是在於後世翻譯的不同，無論今古文其源皆同出於孔子之手，因爲經師「讀之」的不同，便產生後代文字的不同。〔註46〕

王闓運字壬秋，號湘綺，以詩文見稱於時，其著作有門人所輯《湘綺樓全書》，而治經則主《春秋公羊傳》的今文經學，《近代名人小傳・王闓運》載：「二十八而達《春秋》微言，張《公羊》，申何學。時則學者習注疏，文章皆法鄭、孔，有解釋，無記述；重考證，略辯論。讀者竟十行則引几臥，慨然曰：『文者，聖人之所托，禮之所寄。……』遂溯列、莊，探賈、董。」〔註47〕說明王闓運在經學上不滿意專重考據的漢學，而喜好以《公羊》學爲主的今文經學，其著作有探求《春秋》微言大義的《春秋公羊箋》、《尚書箋》、《尚書大傳補注》及《尚書今古文注》。

廖平，字季平，師承王闓運，然於今文經學特重《春秋穀梁傳》，與其師重《公羊》不同。他的經學思想經歷了六次大的變化，初變平分今古，二變尊今抑古，三變小統大統，四變人學天學，五變人天小大，六變以《黃帝內經》解《詩》、《易》。〔註48〕因此，廖氏便因經學思想多變和怪誕而聞名於世。而其經學思想對後世的影響，則主要在其經學初變「以禮制分別今古」與經學二變「尊今抑古」，而其著作則以《今古學考》影響最大。《今古學考》以爲古、今之辨在「禮制」，今、古兩學的中心爲《王制》、《周禮》二書，特別是發現以禮制區分的方法，實已掌握今古文差異的分野所在，此論點後代學者如：周紹賢、周予同等亦多表認同，〔註49〕廖氏弟子蒙文通並認爲，這種

〔註46〕其說見〈泰誓答問・第二十四〉。

〔註47〕見費行簡：《近代名人小傳》（台北：文海出版社，民國56年台初版），頁10。

〔註48〕廖幼平：《廖季平年譜》（成都：巴蜀書社，1985年）。該書收有廖宗澤：〈六譯先生年譜〉、〈六譯先生行述〉，章太炎：〈清故龍安府學教授廖君墓誌銘〉，蒙文通：〈廖季平先生傳〉等。

〔註49〕參見周紹賢：《兩漢哲學》（台北：文景出版社，1973年出版）。朱維錚編：《周予同經學史論著選集》（上海：上海人民出版社，1983年），頁21。

論點影響到後來的皮錫瑞、康有爲、章太炎、劉師培等學者，蒙文通云：

> 皮氏、康氏、章氏、劉氏，胥循此軌以造說，雖宗今宗古有殊，而古今之分在禮，則決於先生之說也。〔註 50〕

可見此論點受到學者的肯定及重視，不是沒有理由的。

康有爲，號長素，早年曾研究古文經學，尊崇周公，酷好《周禮》，想從中找到國家治亂的依據。一八八八年「公車上書」不達之後，深感欲破除封建頑固勢力的局面，除了向西方學習新知識、新技能之外，還得向中國傳統中去尋找可資利用的理論依據。而在廖平今文經學著作的啓發和引導之下，〔註 51〕很快的著成了《新學僞經考》和《孔子改制考》，這兩部書都採用歷史考證的方法，對於古籍皆廣徵博引，分類別次，綱舉目張，思路清明，給人「言必有據」的感覺，構成了康有爲「援古證今」、「變法維新」的理論體系，其主要論旨是利用進化論的思想附會公羊三世說，對當時封建思想的正統觀念進行攻擊，因此，頗能在主張變法維新的知識份子和士大夫中，引起相當大的旋風。

《新學僞經考》極力辨明清朝所尊信的儒家經典，大部分都不是孔子的本經，因此，清儒所服膺的漢學也就不是孔子的「眞傳」，而是劉歆爲幫助王莽所假造的「僞經」、「新學」。其主要內容依據梁啓超先生所言：

> 《新學僞經考》之要點：（一）西漢經學，並無所謂古文者，凡古文皆劉歆僞作；（二）秦焚書，並未厄及「六經」，漢十四博士所傳，皆孔門足本，並無殘缺；（三）孔子時所用字，即秦漢間篆書，即以「文」論，亦絕無今古之目；（四）劉歆欲彌縫其作僞之跡，故校中秘書時，於一切古書多所亂；（五）劉歆所以作僞經之故，因欲佐王莽篡漢，先謀湮亂孔子之微言大義。〔註 52〕

其書爲了證明自己的論點，不乏強「史」以就我的武斷之處，然而從基本上動

〔註 50〕蒙文通：〈廖季平先生評傳〉，同注 16 所引書，頁 165。

〔註 51〕皮錫瑞在 1897 年 12 月初六日的日記裡說：「梁卓如送來《新學僞經考》，又從黃麓泉假廖季平《古學考》、《王制訂》、《群經凡例》、《經詁甲編》，康學出於廖，今觀其書，可以考其源流矣。」（見〈師伏堂未刊日記〉，收於《湖南歷史資料》（湖南：長沙，1958 年第四期），頁 80。）其弟子梁啓超也說：「康先生之治《公羊》，治今文也，其淵源頗出自井研，不可誣也。」（見氏著《論中國學術思想變遷之大勢》，收於《飲冰室合集》（上海：中華書局，民國 25 年）文集之七，頁 99。

〔註 52〕見梁啓超：《清代學術概論》，收於《中國近三百年學術史》（台北：里仁書局，民國 89 年初版二刷），頁 66～67。

搖了古文經學「述而不作」的傳統立場，打擊了當時「篤守舊法」的保守思想，對當時的整個環境，確實有一種石破天驚的激盪效果。而《孔子改制考》在政治上的氣息就更加濃厚了，因為康有為在《孔子改制考》中，打著今文經學的旗號，多方面著力論證孔子的「托古改制」，認為先秦各家學派都把自己所嚮往的社會制度托為古代所曾經實行過，假借古已有之來加強其論點的說服力，而孔子有治理天下的才德而不居帝位，是所謂「布衣改制」的「素王」，明智的利用兩千年來社會所推崇的「至聖先師」孔子的權威地位，來為他的「托古改制」做辯護，並藉以向統治者提出了變法維新的政治要求，如同皮錫瑞所言：「中國重君權，尊國制，猝言變革，人必駭怪，故必先言孔子改制，以為大聖人有此微言大義，然後能持其說。」〔註53〕這種說法，在當時是相當撼動人心的！

第三節　清末《尚書》研究概述

在各經之中，莊存與對於《尚書》十分重視，以經中所陳，乃是三代帝王之大法，先聖先賢德教之大典。存與之《尚書》，頗傳閻若璩《尚書》之學，〔註54〕閻氏著《尚書古文疏證》證明偽古文之不可信，而存與在一片要求將偽古文廢除於科舉之外的聲浪中，卻強調《偽古文尚書》的重要性，蓋因其身負「皇家導師」之責任，恐有其「不得不如是」之原因。李慈銘對此有一段評論曰：

> 今讀其《尚書既見》，皆泛論大義，多主枚書，絕無考證發明之學。據仁和龔璱人《定盦文集》中〈侍郎神道碑〉，言侍郎亦深知枚書之偽，其時攻者甚眾，其偽已明，侍郎居上書房，深知偽書中如〈禹謨〉之「人心惟危，道心惟微」，〈太甲〉之「與治同道罔不興，與亂同道罔不亡」，〈呂獒〉之「玩物喪志，玩人喪德」等語，皆帝王格言，孔偽書遽廢，後世人主，無由知此，因作《尚書既見》三卷。〔註55〕

〔註53〕見〈師伏堂未刊日記〉，收於《湖南歷史資料》1959年第一期（湖南：長沙，1959年1月），頁116。

〔註54〕龔自珍：〈資政大夫禮部侍郎武進莊公神道碑銘〉云：「大儒莊君，諱存與，江南武進人也。幼頌六經，尤長於《書》，奉封公教，傳山右閻氏之緒學。」《龔自珍全集》（台北：河洛出版社，民國64年），頁141。

〔註55〕李慈銘：《越縵堂讀書記》（台北：世界書局，1975年），頁109。

又莊氏認爲其《尚書》之學乃根源孔、孟，欲傳孔、孟之道，所謂「蓋周公之志，自孔子、孟子沒，夫孰有克知之者矣。」〔註 56〕書中頗重於闡述周公、成王之事，凡所言說，一以《書序》爲依歸，存與曾云：「盍亦繹《書序》而遜心求之乎！」〔註 57〕蓋存與以爲《書序》所言，即孔、孟之意；再者，書中所述，多輔以《史記》爲羽翼，駁斥荀卿之汨亂成王、周公之事，存與云：「讀〈盤庚〉三篇，必考司馬遷之《史記》，則《書》所言，若數一、二，辨白黑也。」〔註 58〕又云：「司馬遷嘗讀百篇之序，而不知成王、周公之事，爲荀卿、蒙恬所亂。」〔註 59〕要之，莊存與之《尚書》學，主要在於陳述三代之理想，以便時時向皇帝建言，並用以教育皇子，細部考證的部分，恐非其所關心者，存與即自云：「徵實事，傳故訓者，爲膚爲末，豈足以知之於是乎！」其主要的《尚書》著作有《尚書既見》三卷、《尚書說》一卷。

存與之姪述祖，承其莊氏家學，並旁及古文篆、籀之學，李兆洛〈附監生考取州吏目莊君綬甲行狀〉云：

> 宗伯公經術淵茂，諸經皆有撰述，深造自得，不分別漢宋，必融通聖奧，歸諸至當；而君從父珍藝先生盡傳其業，復究《夏小正》、《逸周書》，暨古文篆籀之學，皆一代絕業也。〔註 60〕

述祖的學術成就，基本上是藉由鑽研小學來開展他的學術研究之門，其〈夏小正經傳考釋序二〉云：「述祖少失學，長習進士業，及舉於禮部，退歸後，乃求所以闚古人之學，莫得其階，不能自已，始從事於漢人所謂小學家者。」〔註 61〕而其目的，主要是藉由小學的研究，來闡發莊氏家族所強調的聖人大法，對此，蔡長林先生則說：

> 莊述祖的精研小學，其目的絕非僅在於對古典的復古考證而已，而是在於尋繹及闡發其意義，即聖王精神也。只不過他另闢蹊徑，在方法上，爲存與純以議論的老路子加上文獻依據；在內容上，則繞過存與之《易》與《春秋》，藉由古文字學的知識來研究《逸周書》、

〔註 56〕莊存與：《尚書既見》，收於《味經齋遺書》（清光緒 8 年陽湖莊氏重刊本），卷 2，頁 2。

〔註 57〕同前注，卷 2，頁 14。

〔註 58〕莊存與：《尚書既見》，卷 2，頁 2。

〔註 59〕莊存與：《尚書既見》，卷 2，頁 6。

〔註 60〕李兆洛：〈莊君卿珊行狀〉，《養一齋文集》（光緒戊寅重刊本），卷 12，頁 31。

〔註 61〕莊述祖：〈夏小正經傳考釋序二〉，收於《珍藝宧文鈔》，卷 5，頁 3。

> 《夏小正》、《歸藏》，當然還包括家學大宗的《詩》、《書》及《禮》學。……在學術上一方面爲家學理想尋求支持，一方面以家學理想主導其學術研究。〔註62〕

其關於《尚書》的著作，大抵有《尚書今古文考證》七卷、《尚書今古文授讀》四卷、《尚書記章句》一卷、《尚書記》七卷、《校逸周書》十卷、《書序說義考注》二卷、《尚書雜義》一卷。而述祖於《尚書》著作所陳，大抵皆爲存與之說找證據、作註腳，如《尚書今古文考證》，每以司馬遷從孔安國問故，而稱許《史記》所載是眞古文說，其《尚書今古文考證》、《書序說義》、《尚書記》中所論述者，亦不乏引用《史記》之資料。又其〈答孫觀察季逑第一書〉云：

> 述祖嘗學《尚書》，病其無可依據，《僞孔傳》又陋且略，求之於伏生《大傳》，馬、鄭、王諸家《注》，時亦有所去就，而一折衷於《書序》。《書序》所有，《傳》、《注》不同，則從《書序》；漢儒所言，孔、孟不言，則不敢從漢儒。〔註63〕

而在其考據之中雖不乏精闢之見解，且頗爲當時考據家所讚賞，〔註64〕然而爲了維護世父之說與家學理想，不免因預設立場之故，而成爲主觀的考據。

莊述祖二甥劉逢祿、宋翔鳳，當嘉慶、道光之際，進一步發揚今文之學，撰述亦豐，常州學派經二人之提倡而大顯於時。劉逢祿居當時常州學派之首位，全力伸張何休之《公羊學》，黜《左氏傳》，提倡今文《尚書》。劉逢祿之《尚書》著作主要有《尚書今古文集解》三十卷、《書序述聞》一卷，而二書大抵依據其外王父莊存與之《尚書既見》與《尚書說》而來，劉氏《尚書今古文集解・序》云：「《尚書今古文集解》何爲而作也？所以述舅氏莊先生一家之學，且爲諸子授讀之本也。……爰推舅氏未竟之志，綴爲是編，其例凡五：一曰正文字……二曰徵古義……三曰祛門戶……四曰崇正義……五曰述師說。」〔註65〕據蔡長林先生的考證：

〔註62〕蔡長林：《常州莊氏學術新論》(台北：台灣大學中文所博士論文，民國89年)，頁279。

〔註63〕莊述祖：〈答孫觀察季逑第一書〉，《尚書既見》，卷6，頁1。

〔註64〕同注9，頁40～43。蔡氏言：「莊述祖亦與吳、皖兩派著名學者如段玉裁、王念孫、王引之、孫星衍、洪亮吉、張惠言等輩份相同，所爲亦多考據之業，此可證以《珍藝宧文鈔》卷六所載與學者往來之書信……」其中並引述宋翔鳳、孫星衍、洪亮吉、惲敬、盧文弨、臧庸等人共計十數條證據，作爲述祖活躍於乾嘉學術圈之證。

〔註65〕劉逢祿：《尚書今古文集解》，收於《續經解尚書類彙編》(一)(台北：藝文

> 述祖《珍藝宧文鈔》卷三所載，即劉逢祿《尚書今古文集解・序》所言《書序說義》者，是編皆據存與《尚書既見》、《尚書說》之論……至於劉逢祿之《書序述聞》，筆者曾詳爲校對，而知在〈顧命〉以上，幾全抄述祖《說義》而成。〔註66〕

而皮錫瑞於《經學通論》中即評之曰：「劉逢祿《書序述聞》多述莊先生說，不補〈舜典〉，不信〈逸書〉，所見甚卓。……〈盤庚〉以咸造勿爲句，爲勿爲古文方勿……皆求新而近鑿。〈泰誓〉序惟十有一年，爲武王即位之十一年，不蒙文王受命之年數之，與今古文皆不合。……皆陰襲宋儒之餘唾，而顯背漢儒之古訓者也。」基本上，皮錫瑞亦認爲劉氏於《尚書》之意，罕所發明也。

而宋翔鳳有《尚書略說》二卷、《尚書譜》一卷，皆收錄於《續經解》中。《尚書略說》是就《尚書》各篇裡面的一些問題，以今文學家的觀點予以闡述，共計有十二個子題，如：九族、中星、四岳、大麓、古禮巡狩封禪、太原、導菏澤被孟豬、夾石碣石入于河、盤庚、武王伐殷年伯禽受封年、周公攝政、唐人引今文《尚書》皆馬鄭古文。書中多引《史記》、《書序》、《尚書大傳》之言論述，間出《尚書正義》爲比，相互論證。對於此書，江瀚〈尚書略說・提要〉評之曰：「是書頗有新說……若其論〈古禮巡狩封禪〉：以爲《詩》、《書》、《禮》，皆有封禪；〈唐人引今文尚書〉，皆馬鄭古文。則所見俱確云。」〔註67〕而其《尚書譜》則對《尚書》今、古文之篇目一一詳列分辨，全文共分三個部分，每部分先以表列方式詳列今古文篇目之有無（並註明馬、鄭古文之有無），其後，則爲文詳加論述，內容大抵謹守今文家法，宋氏於文後自云：「幼嘗受其義於葆琛先生（莊述祖），齇曉佔畢，未能詳紀……茲譜《尚書》，細繹所聞而識之。」〔註68〕

劉逢祿之門人龔自珍關於《尚書》的主要著作是《太誓答問》一卷二十六篇。其主旨皆在論述漢代今文無〈太誓〉，如其《太誓答問・第一》、〈第十〉、〈第十一〉、〈第十二～第十四〉、〈第十六～第十八〉、〈第二十一、二十二、二十五〉等篇，皆爲論述〈太誓〉之文。其論《尚書》篇數，則主張今文篇數二十九篇，有〈康誥〉一篇，並分〈顧命〉與〈康王之誥〉爲兩篇；並主

印書館，民國75年6月初版），頁259。

〔註66〕同注9，頁226。

〔註67〕江瀚：〈尚書略說・提要〉，收於《續修四庫全書總目提要・經部》上冊（北京：中華書局，1993年7月第一版），頁240。

〔註68〕宋翔鳳：《尚書譜》，同注12所引書，頁566。

張「〈書序〉古、今文並有，孔壁序，孔安國不以當一篇，則伏壁之序，伏生必不當一篇也。」〔註69〕《太誓答問・第七～第九》皆論述〈書序〉之文也。對於漢代今、古文名實之問題，龔氏主張：今古文差異之產生，乃在於後代經師所讀之不同，如同今日翻譯之不同有以致之也。龔氏云：

> 今文、古文同出孔子之手，一爲伏生之徒讀之，一爲孔安國讀之。未讀之先，皆古文矣，既讀之後，皆今文矣。惟讀者人不同，故其說不同。……此如後世翻譯，一語言也，而兩譯之、三譯之……其所以不得不譯者，不能使此方之人曉殊方語故；經師之不能不讀者，不能使漢博士及弟子員悉通周古文故。〔註70〕

另撰有〈說中古文〉一篇，對於《漢書・藝文志》中所載的「中古文本」《尚書》（或稱「中秘本」），提出十二點懷疑，其主要者即認爲「假使中秘有《尚書》，何必遣鼂錯往伏生所受二十九篇……不應安國獻孔子壁書，始知增多十六篇……中秘既是古文，外廷自博士以迄民間，應奉爲定本，斠若畫一，不應聽其古文家今文家紛紛異家法。」〔註71〕否認漢中秘有劉向所校之中古文本《尚書》，以爲中古文本《尚書》和張霸《百兩篇》一樣，乃是因漢成帝不知而誤收之，或即是劉歆僞造此說，假託乃父之說。

與龔自珍同時的常州今文學派大將魏源，撰有《書古微》十二卷，其撰作之目的，如同他另一部名著《詩古微》一樣，都是欲藉用漢今文以否定漢古文。其自序云：「《書古微》何爲而作也？所以發明西漢《尚書》今古文微言大誼，而辟東漢馬、鄭古文之鑿空無師傳也。……安國從歐陽生受業，嘗以今文讀古文，又以古文考今文，……是西漢今古文本即一家」〔註72〕伏生所傳之今文《尚書》即眞《尚書》，並無今古文之分，而今之所謂古文，乃是「自後杜林復得漆書古文，……馬融作傳，鄭玄注解，由是古文遂顯於世，……國朝諸儒，知攻東晉晚出古文之僞，遂以馬、鄭本爲眞。」〔註73〕因此，文中舉出五點證據，以證明馬、鄭古文之不可信。全文主要引用《史記》、《尚

〔註69〕龔自珍：《太誓答問・第七》，《龔自珍全集》（台北：河洛出版社，民國60年出版），頁67。

〔註70〕同前注，頁75。

〔註71〕龔自珍：〈說中古文〉，同註69引書，頁125。

〔註72〕魏源：《書古微・序》，收於《魏源集》（台北：漢京文化公司，民國73年），頁109。

〔註73〕同前注。。

書大傳》、《漢書》今文三家說及劉向的說法，以爲證明。江瀚於〈書古微提要〉中對此書有四點評論：

1. 欲以西漢壓倒東漢，而立論太果，近於武斷，殊乖先儒衿愼之風。
2. 既效毛奇齡做〈舜典〉補亡，更爲〈湯告〉〈泰誓〉〈武成〉補亡，又將〈周誥〉分年集證，於〈大誥〉至〈洛誥〉之文，盡竄易其次序，類皆師心自用。
3. 謂管叔舊有酒德，武庚以酒酗之，使人乘醉離間，尤爲臆造無徵。
4. 其釋〈金縢〉，既自稱據西漢今古文說以正東漢馬鄭諸儒之失，復言未敢訓公之下必有缺文，合之兩美，離之兩傷，故後半篇引馬鄭說，此未免自相違戾。〔註 74〕

皮錫瑞對此則有更進一步的論述，其云：

> 魏源尊信劉逢祿，其作《書古微》痛斥馬、鄭以扶今文，實本莊（述祖）、劉（逢祿），更參臆說。補〈湯誓〉，本莊氏；補〈舜典〉、〈湯誥〉、〈牧誓〉、〈武成〉則劉氏所無。〈周誥〉分年輯證，將〈大誥〉至〈洛誥〉之文盡竄易其次序，與王柏《書疑》無以異。以管叔爲嗜酒亡國，則雖宋儒亦未敢爲此無據之言。……解經但宜依經爲訓，莊、劉、魏皆議論太暢，此宋儒說經之文，非漢儒說經之文。解經於經無明文者，必當闕疑，莊、劉、魏皆立論太果，此宋儒武斷之習，非漢儒衿愼之意。〔註 75〕

此可爲魏源《書古微》之確評。

魏源之學傳王闓運（字壬秋，號湘綺），其《尚書》之著作主要有《尚書箋》三十卷、《尚書大傳補注》七卷及《尚書今古文注》三十卷。《尚書今古文注》採用孫星衍《尚書今古文注疏》爲底本，因病《孫疏》採輯〈太誓〉「違於馬義，又仍用舊讀，句絕多訛」，因此乃「先取孫撰，稍加刊補」，其目的乃欲「益明《大傳》史遷之傳」。〔註 76〕而江瀚於提要中則批評曰：「馬融古文家，伏生則今文初祖……此雖合於馬義，違於伏義矣。又云句絕多訛，今書中……幾不成語，其所刊補，尤不厭人意，……特以不喜宋儒之故，務欲

〔註 74〕江瀚：〈書古微提要〉，同注 14，頁 246。

〔註 75〕見皮錫瑞：《經學通論》，同第一節注 12 所引書，頁 98～99。

〔註 76〕見王闓運：《尚書今古文注・序》，收於《續修四庫全書・經部・書類》（上海：上海古籍出版社，2002 年 1 版），第 51 冊。

盡反其言，不憚擅改經文，以快私臆。」〔註 77〕對此書兼取馬融古文、擅改句讀與經文之說，特持反對之意見，評價不高。其次，所著《尚書箋》一書較前者爲佳，其書以百篇《尚書》爲篇目，兼採伏生大傳、史記、馬融、鄭玄、歐陽、夏侯等之說，其後以「箋曰」逕下己意，亦有意融合今古，書中並數引陳壽祺之說，註釋簡明，不乏善論，如劉起釪先生在〈由夏族原居地縱論夏文化起於晉南〉〔註 78〕一文中，即詳細論證，證明王氏《尚書箋・康誥》中「肇造我區夏，箋云：『夏，中國也。始於西夷，及於內地。』」之說應是可信。《續修四庫全書總目提要》則列舉該書之數點缺失，並於其後云：「大抵闓運說經，取法箋注，託體甚高，間有意本前人，亦不言所出，但欲求簡，轉鄰掠美，蓋不獨此書爲然耳。」〔註 79〕指出王闓運之著作多有援引他書爲己用，而未予註明的情況。《尚書大傳補注》則爲三書之最後出者，據自序所言：其書大抵以《吳中本》〔註 80〕爲底本，輔以陳壽祺《尚書大傳輯校》之不足而補注之，劉起釪先生則云：「王闓運《尚書大傳補注》七卷……是據陳氏、皮氏已有輯本補注之。」〔註 81〕然以二書（陳、皮）對照王氏之書，則見王氏所據之《尚書大傳》本文與陳、皮二氏確有不同，而補注之部分，其內容上未若陳、皮二氏之詳盡，且未與陳氏、皮氏之書有所重覆，補注之內容亦相當簡略，故其價值未若二氏之高。

以經學六變著名的廖平，在《尚書》的著作方面主要有《尚書今文新義》二十九卷、《尚書弘道編》不分卷、《書經周禮皇帝疆域圖表》不分卷、《書

〔註 77〕江瀚：〈尚書今古文注提要〉，頁 266。

〔註 78〕劉起釪：〈由夏族原居地縱論夏文化起於晉南〉，收於田昌五主編：《華夏文明》（北京：北京大學出版社，1987 年）第一集；又見於劉起釪著：《古史續辨》（北京：中國社會出版社，1991 年 8 月第 1 版），頁 132～166。

〔註 79〕江瀚：〈尚書箋提要〉，頁 266。

〔註 80〕據王闓運〈補注尚書大傳序〉云：「《尚書大傳》舊爲四十一篇……鄭君注之，乃次爲八十三篇……盧見曾言元時猶存，至明而亡，孫之騄鈔撮爲四卷，殘缺殊甚，然四庫本不能不借資焉。乾隆之時，儒學大盛，先師遺書冥討窮搜，而四卷古本訖不可得，見曾刊本云得之吳中，諱所從來……盧文弨又以孫本所有者爲補遺，而自做續補遺及考異。」此盧氏補遺之本，應即是盧見曾所言之《吳中本》。其後又云：「於德州漕渠旁店買得《盧本》……改其訛誤，補鄭注之缺。……但《吳中本》實由鈔撮，陳（壽祺）本譏之而無以易之，今悉以先出爲主，間採《陳補》，除其重覆，有當注者，直下己意。」見《續修四庫全書・經部・書類》（上海：上海古籍出版社，2002 年 1 版），第 55 冊，頁 797～798。

〔註 81〕劉起釪：《尚書學史》（北京：中華書局，1989 年 6 月第 1 版），頁 404。

經大統凡例》一卷等，其說多有妄誕之論，附會西洋新說，駁雜不純，如其論大九州爲世界宇宙；解《大誥》「王害不違卜」爲「王轄丕圍」，釋爲「證明地球之形，是爲中國地圓地動之古說」等。然書中不乏精思入微，發前人所未發之處，謝興堯先生云：「如職方九州，禹貢洪範，考工歲時，井田四鄰，以及導水測地，吉凶服制，莫不詳考制度，博徵經說，凡三代典章法制，治平要術，皆能於此得其要領。……凡經史小學，諸子百家之有關者，皆附之篇中，並辨其眞僞，論其得失。」〔註82〕又所著《尚書弘道篇》將《尚書》二十九篇分爲《尚書》與《中候》兩部分，前者有十一篇，分別爲：皇道、帝典、帝謨、禹貢、洪範、甘誓、湯誓、太誓、高宗彤日、西伯戡黎、微子；後十八篇爲《中候》：金縢、君奭、多方、多士、召誥、立政、毋佚、雒誥、盤庚之誥、大誥、康誥、酒誥、梓材、顧命、甫刑、文侯之命、費誓、秦誓。謝興堯云：「全書仍錄《尚書》本文，而以新說注疏於下，其說新穎精深，惟駁雜不純，如注〈禹貢〉，謂〈洪範〉九疇，即〈禹貢〉九州，因疇州古通。又謂禹湮洪水，不過治黃河之水耳，……概爲禹功，託禹以爲天下後世法，此經所以異於史也。」又《書經大統凡例》一書，採「札記體」行文，將逐一總論《尚書》有關之疑義，條分縷析，甚有斷識。如全書首條即云：「《書經》舊有四本皆亡，惟存東晉僞本，其次序皆仿〈書序〉……惟〈書序〉憑藉《史記》，負嵎自固，考《史記》本紀世家，凡引〈書序〉篇名者，類於上下文義，不相聯屬，眞僞之跡，判若涇渭，今審書之篇次，當據《大傳》七觀爲主，庶有合於經旨。」〔註83〕惟就全書而言，略於考據、臆斷之處亦不少。至如《尚書今文新義》則假借今文《尚書》立名，以發揮其自我之見解，如其取〈堯典〉「乃命羲和」至「鳥獸氄毛」一段，別題「皇篇」〔註84〕以冠其首，蓋因漢師以《書》二十八篇象例宿，《史記》、伏生傳二十九篇，王充《論衡》謂天之北斗是古本二十九篇法斗，故不宜以晚出〈太誓〉之傳當之也。總而言之，廖平在《尚書》學上之立論「主觀、臆斷者多，客觀、矜愼者少」。

陳壽祺，字恭甫，號左海，福建侯官人。嘉慶四年會試，爲阮元、朱珪

〔註82〕謝興堯：〈書經周禮皇帝疆域圖表提要〉，同注14所引書，頁272～273。

〔註83〕廖平：《書經大統凡例》，收於《尚書類聚初集》（台北：新文豐出版公司，73年10月初版）第八冊，頁634。

〔註84〕廖平：《尚書今文新義》，同前注所引書，頁632。

所拔。在晚清今文學家之中，與其子陳喬樅（字樸園）、皮錫瑞（字鹿門）同被列爲治學「矜愼」的一派。陳壽祺《尚書》學的著作主要有《尚書大傳輯校》八卷、《洪範五行傳》三卷，又著有《五經異義疏證》三卷及《左海經辨》二卷。《尚書大傳輯校》又稱《尚書大傳定本》，壽祺子陳喬樅在其《今文尚書經說考・自序》裡面說：「曩者，先大夫傷古經之淆亂，閔今學之淪亡，撰伏生《尚書大傳定本》，稽覈群書，揭所據依而爲之案三卷，首爲序錄一卷，其所芟除，別爲訂誤一卷，又載《漢書・五行志》綴以他書所引劉氏《五行傳論》三卷，總爲八卷。」〔註 85〕即揭露本書撰作之目的，在於纂輯西漢今文經師之說。陳壽祺以爲兩漢經師莫先於伏生，而《尚書大傳》自宋代以後率多訛漏，遂闡明遺書，以備一家之學，可說是清代經今文學輯佚之大家。

壽祺繼乾嘉考證之學，以許、鄭爲核心後，知許、鄭之未足以盡漢學，由許、鄭之從違，知漢學之今古有別。其《五經異義疏正・序》云：「許君著《說文解字》，縱貫萬原，當世未見遵用，獨鄭君注《儀禮既夕記》、《小戴禮雜記》、《周禮考工記》嘗三稱之，所以推重之者著矣。故於《異義》爲之駁者，祭酒受業賈侍中，敦崇古學，故多從古文家說。司農囊括網羅，義在宏通，故兼從今文家說，此其判也。」〔註 86〕故就許、鄭導源而上，溯西漢今文之說。其《左海經辨》一書，依篇題立論，直接關於《尚書》者計有十一篇，〔註 87〕其中如：〈今文尚書有序說〉、〈史記用今文尚書〉、〈史記採尚書兼古今文〉、〈白虎通義用今文尚書〉等篇，論據精審，亦爲後代學者所證實。另所著《洪範五行傳》三卷，全錄自《漢書・五行志》，並引《尚書》、《毛詩》、《公羊疏》、《南齊書》、《隋書》、《唐書》之〈五行志〉，以及《初學記》、《北堂書抄》、《太平御覽》、《藝文類聚》等類書以證之，文下間有考證。〔註 88〕凡此，皆足以明其發明今文家經說之大旨。

〔註 85〕陳喬樅：《今文尚書經說考・自序》，《續經解尚書類彙編》（台北：藝文印書館，民國 75 年 6 月）第二冊，頁 781。

〔註 86〕陳壽祺：《五經異義疏證》，收於《續修四庫全書・經部・群經總義類》（上海：上海古籍出版社，2002 年 1 版），第 171 冊，頁 2。

〔註 87〕共計有：〈今文尚書太誓後得說〉、〈今文尚書有序說〉、〈今文尚書中有古文〉、〈今文三家尚書自有異同〉、〈今文尚書亦以訓詁改經〉、〈史記用今文尚書〉、〈史記採尚書兼古今文〉、〈漢書地理志載古文禹貢〉、〈白虎通義用今文尚書〉、〈尚書無逸篇說〉、〈尚書大傳辨訛〉等，見《續修四庫全書・經部・群經總義類》（上海：上海古籍出版社，2002 年 1 版），第 175 冊，頁 372～392。

〔註 88〕見倫明：《洪範五行志提要》，同注 14 所引書，頁 291。

陳喬樅，字樸園，為壽祺子。秉承父親之遺志，搜討群籍，旁徵博引，成《今文尚書經說考》三十二卷（《續經解續編》做三十八卷，蓋因其分一為上下，三卷為上中下，十四卷為上中下，三十二卷為上下），又撰《尚書歐陽夏侯遺說考》一卷。《今文尚書經說考》前有敘錄一篇，記載漢代傳今文《尚書》之儒者譜系；其書蒐羅西漢今文三家資料頗富，文中每多引段玉裁《古文尚書撰異》中所引用之資料，並補充其他典籍中所記載的豐富資料與熹平石經為佐證。其〈自序〉云：「凡所採摭經史傳注及諸子百家之說，實事以求是，必溯師承；沿流以討源，務隨家法。而參詳考校則亦有取於馬、鄭之傳注，為之旁證而引伸之。前後屢更寒暑而後卒業焉。」〔註 89〕全書摭拾弘富，頗堪後人研究之助，惟因資料龐雜，故皮錫瑞評曰：「陳氏博採古說，有功今文，惟其書頗似長編，蒐羅多而斷制少，又必引鄭君為將伯，誤執古說為今文，以致反疑伏生，違棄初祖……但以摭拾宏富，今文家說多存。」〔註 90〕皮氏以為其書頗似於今文經說之彙編，故僅止於文獻資料的蒐集、陳列，而缺乏判斷。

《尚書歐陽夏侯遺說考》所採皆諸書引徵具有明文者，至為謹慎。全書一卷，共計十八條：「以親九族」、「欽若昊天」、「宅嵎金截」、「曰柳谷」、「肆類於上帝」、「煙于六宗」、「女作司徒」、「安民則惠黎民懷之」、「予欲觀古人之象」、「弼成五服至於五千」、「祖考來假群后德讓虞賓在位」、「憂賢揚歷」、「如豺如螭」、「皇極」、「五行配五臟」、「爰始淫為臏宮劓割旇庶黥」、「墨罰疑赦其罰百率」。內容多取自鄭康成《駁五經異義》及其父《五經異義疏證》之語，間加按語以闡發其義。如「以親九族，九族既睦」條下即云：「今《尚書》歐陽、夏侯說云：『九族乃異姓有親屬者……』許慎《五經異義》：『今《禮》戴《尚書》歐陽說九族乃異姓有屬者……』鄭康成《駁五經異義》曰：『元之間也，婦人歸宗，女子雖適人，字猶繫姓，明不與父兄為異姓……』先大夫《五經異義疏證》曰：『案《白虎通》言母族三，與歐陽夏侯微不同，其實一也。……』」皆明言其說之來由。樸園承其父之志，鉤輯逸文而成此書，雖僅寥寥十八條，亦可以概見三家《尚書》之餘緒。蓋陳氏父子於西漢今文家經說，功亦偉矣。

〔註 89〕陳喬樅：《今文尚書經說考・自序》，頁 782。
〔註 90〕皮錫瑞：《經學通論》（台北：台灣商務印書館，民國 78 年 10 月台五版），頁 104。

第二章　皮錫瑞學記

第一節　皮錫瑞生平述要

皮錫瑞，字鹿門，一字麓雲，湖南善化人。生於清道光三十年庚戌十一月十四日（西元 1850 年 12 月 17 日），卒於光緒三十四年戊申二月初四日（西元 1908 年 3 月 6 日），享年五十九歲。〔註 1〕其治經學推崇漢伏生，故名其居曰「師伏堂」，學者稱爲「師伏先生」。

先生之先世乃宋時皮龍榮之裔，由襄陽遷贛，迄明中葉，皮永達任江西都指揮使都事，卜居臨江府清江縣龍潭里，傳十五世，至明嘉靖年間，皮維經以進士出身累官興化府知府，八傳至皮秀玉（諱以琇），於清乾隆年間，由江西遷湘。至先生之曾祖皮智州（諱登樂），始佔籍湖南長沙府善化縣，並以貿遷起家，財雄府邑，疏財仗義。父皮鶴泉（諱樹棠），同治元年（西元 1862 年）舉人，以儒術飾吏治，爲浙江處州府宣平知縣，母瞿太恭人，爲同邑處士惠軒翁兆吉之女。

錫瑞幼承庭訓，年五歲（咸豐四年，西元 1853 年）母瞿太恭人親自課讀，六歲，始就傅，先後從童海觀（6～7 歲）、陳善昌（8～9 歲，學詩文）、鮑文淩（10～13 歲）、韓俊（14～15 歲）等諸先生學。同治二年（西元 1863 年），年十四，應童子試，補善化縣學生員，學使爲山西太谷溫味秋（忠翰）先生。同治三年（西元 1864 年）肄業於城南書院，山長爲道州何子貞（紹基）先生，

〔註 1〕見皮名振：《清皮鹿門先生錫瑞年譜》（台北：台灣商務印書館，民國 70 年 12 月初版）。以下簡稱《年譜》，本節以下所引用資料多據此。

學問基礎於焉稍立。同年與益陽王懷欽（德基）先生訂忘年交，亦師亦友，歷二十年。隔年，食廩餼，應歲試，取列一等。同治十二年（西元 1873 年），舉拔貢，座師爲元和王夔石（文韶）中丞，湘潭王壬秋（闓運）有《贈癸酉五拔貢詩》。〔註 2〕隔年（西元 1874 年），赴朝考不第。其後三赴鄉試皆不第（光緒元年、二年、五年），光緒八年（西元 1882 年），年三十三歲，舉壬午順天鄉試。隔年（西元 1883 年）春，赴禮部試，房薦未售。光緒十五年春（西元 1889 年），北上赴禮闈，不第；是歲，考取內閣中書，引見不記名，留都，擬與明歲恩科。此後，二赴（光緒十八年——西元 1892 年、光緒二十年——西元 1894 年）禮部試皆不第，〔註 3〕禮闈副總裁汪柳門（鳴鑾）侍郎，以不得皮氏與楊叔峤爲憾，文學士道希謂皮氏與孫詒讓下第，爲人才消長之機。

錫瑞既困於科場，遂絕意仕途，潛心講學著述，然留心當代時務，亦見其經世之志。〔註 4〕光緒十六年（西元 1890 年），嘗主講桂陽州龍潭書院，後二年（西元 1892 年），移主江西南昌經訓書院講席，至光緒二十三年（西元 1897 年）止。皮民振先生云：「公自宿儒掌教，申明西漢微言大義之學，教人以經學當守家法，詞章必宗家數，一時高才雋秀，咸集其門，風氣爲之丕變。」〔註 5〕蓋因江右學術本宗「宋學」，故偏重「性理」，或流於「禪釋」，是一種經學與理學的結合，故皮氏乃以西漢微言大義教學者，主張治經當守「西漢之學」。

除講學之外，由於身處清末內憂外患紛擾之際，蒿目時艱，憫亂憂時。

〔註 2〕「五拔貢」蓋指：李奇珍、王德基、吳獬、殷家佩及皮錫瑞五人，見《年譜》頁 10。

〔註 3〕皮民振：〈皮鹿門先生傳略〉云：「年三十三，舉光緒壬午科順天鄉試，復厄於禮闈，試內閣中書，引見不記名，爾後三應禮部試，皆報罷。」（見《年譜》頁 1）許英才：〈皮錫瑞生平述略〉一文作：「考取內閣中書，引見不記名（A.D1889，四十歲），前後三應禮部試（A.D1883、1892、1894）皆報罷。」見許氏：《皮錫瑞經學史觀及其經學問題之探討》（台北：政治大學中文所碩士論文，民國 81 年 6 月），頁 22。經覆按《年譜》所述，自光緒九年（1883 年）至光緒二十年（1894 年）皮氏參加禮部試共計四次（1883、1889、1892、1894），故筆者於此逕述「二赴」。

〔註 4〕皮氏於光緒二十年（1894）第四次赴禮部試，不售。「是歲，朝鮮東學黨起，國內亂，中國出兵援之，遂有東征之役，公有感事詩四首……初七日，聞海東戰事有感二首。初八日，有途中遇湘軍東征四首。十月，賦兵車行，均痛言時事。」此類「感時」之作，於《年譜》中亦可多見，其後，於皮氏主講「南學會」亦可見一斑，詳後述。見《年譜》頁 29～30。

〔註 5〕見《年譜》，頁 24。

光緒四年（西元 1878 年）左宗棠定平新疆，皮氏以俄人窺伺，主張屯田固邊大計；光緒九年（西元 1883 年），見日、法兩國侵佔琉球、安南，皮氏更代摯友王懷欽（德基）作《請救琉球及安南以固外藩疏》。〔註 6〕甲午戰後，馬關條約訂立，台、澎割讓予日本，時朝野湧動，紛紛倡言變法，皮氏亦極言改革之不可緩，並以爲「現在之事，宜先清內亂，嚴懲賄賂，刻繩贓吏債帥以法，實事求是，乃可變法，且必先改宋、明陋習，不必皆從西俗。」〔註 7〕時「湖南學政以新學課士，於是風氣漸開，而譚嗣同輩倡大義於下，全省沾被，議論一變」。〔註 8〕當時湖南在前後二任巡撫陳寶箴、黃遵憲與學政江標、徐仁鑄的支持下，譚嗣銅、梁啓超、畢永年、唐才常等人擘劃籌策，先後成立「時務學堂」及「湘報館」，光緒二十四年（西元 1898 年）創設「南學會」於長沙，延皮錫瑞爲學長，主講「學術」一科。開講之日，官紳士民集者三百餘人，皮氏首講學會宗旨，略曰：

> 若欲開拓心胸，目營四海，斷非枯坐一室所能通曉。學非空談而已，必求得之於心，施之於世，切實可行，纔算得有體有用。……今開立南學會，願與諸公講明大義，共求切磋之益。學非一端所能盡，亦非一說所能該，先在讀書窮理，務其大者遠者，將聖賢義蘊，瞭然於胸中，古今事變，中外形勢，亦需講明切究，方爲有體有用之學。〔註 9〕

皮氏於學會開講計一十二次，所論之言皆貫穿漢、宋，融合中、西，響如振玉，聞者洒然動容，目爲通儒之言。其時正當維新變法，然保守勢力掣肘日盛，守舊人士排拒皮氏最甚者，當爲皮氏之舊交葉煥彬（德輝）吏部，嘗詆皮錫瑞爲「悖正教、附異端」，皮氏則答之曰：「學會講學，是宋人規模，只可講大義，不可講訓詁，……其大旨在發明聖教之大，開通漢宋門戶之見，次則變法開智，破除守舊拘攣之習，……其語氣之抑揚，言詞之出入，自不免有過當之處，言多必失，誠如前諭，然口說只能如此，聽者勿以辭害義可也，……然弟明知之而不避者，以時急如救焚拯溺，即焦毛髮，濡手足，所不辭也。」〔註 10〕

〔註 6〕其時，王德基先生入「滇」省爲新寧劉武慎（長佑）公幕下。

〔註 7〕見《年譜》頁 33。

〔註 8〕梁啓超：《戊戌政變記》（北京：中華書局，1958 年第一版）之附錄二〈湖南廣東情形〉。

〔註 9〕見《年譜》頁 60。

〔註 10〕見《異教叢編》，蘇輿著，收於《近代中國史料叢編》（台北：文海出版社，民國 60 年初版），頁 427～428。

光緒二十五年（西元 1899 年），皮氏主講經訓書院，前後七年，於培植人才，開通風氣，多所建樹，後爲御史徐道焜以「丁酉科場頂替」之莫須有罪名，誣詞彈奏，革舉人，三年之後（光緒 28 年），爲湘撫俞廉山（廙軒）奏請開復。〔註 11〕同年，受聘創辦湖南善化小學堂，贛南、常德等地欲聘其爲學堂總教，均辭不就。隔年（光緒 29 年），湖南設高等學堂及師範館，延請皮氏任倫理經史講席兼代高等學堂監督。再隔年，京師大學堂成立，總監督張燮鈞（亨嘉）電請皮氏任講座，以慰眾望，皮氏謙辭不赴，其後二次聘請皮氏任講席，均以事辭。此後，皮氏留湖南講學，歷任湖南高等學堂、師範館、長沙府中學講席、中路師範學堂講席、學務公所圖書課長及長沙定王台圖書館纂修等職務。光緒三十四年（西元 1908 年）二月初三日，爲中路師範作歌詞，譔〈浪淘沙〉十章，蓋絕筆矣。初四日，起居如常，午後微覺不適，就臥無他語，是夜亥時棄養。〔註 12〕享年 59 歲（西元 1850～1908）。

第二節　皮錫瑞的學術立場

做爲一個晚清的經學家，因著本身對於經學內涵的理解，必當影響其對經學的詮釋與價值的判斷。皮錫瑞在晚清的經學史上，一般都被歸爲「今文經學家」，而從其所留下來的著作（如：《經學歷史》、《經學通論》、《王制箋》，乃至於《尚書大傳疏證》、《古文尚書冤詞平議》、《今文尚書考證》等）中去觀察，也確實顯示著如此的學術理路。因此，對於其基本學術立場作一分析，當有助於吾人瞭解皮氏之所以成爲晚清今文經學家的原因。

皮氏在其《經學通論・序》中，明白的揭示了其所以作《經學通論》的大旨：

一、當知經爲孔子所定，孔子以前不得有經。

二、當知漢初去古未遠，以爲孔子作經，說必有據。

三、當知後漢古文說出，乃尊周公以抑孔子。

四、當知晉宋以下，專信《古文尚書》、《毛詩》、《周官》、《左傳》，而大義微言不彰。

五、當知宋元經學雖衰，而不信古文諸書，亦有特見。

〔註 11〕見《年譜》，頁 68、82。

〔註 12〕見《年譜》，頁 109。

六、當知國朝經學復盛，乾嘉以後，治今文者，尤能窺見聖經微旨。〔註13〕

觀此六點所云，雖不乏立論過於主觀者，〔註14〕然要之確實可以窺見其爲今文經學家的基本立場。

一、經的定義與效用

皮錫瑞直言「經」的意義，分見於著作中，略有數條：

1. 孔子出而有經之名。……《莊子・天運篇》:「孔子謂老聃曰:『丘治《詩》、《書》、《禮》、《樂》、《易》、《春秋》六經。』」孔子始明言經，或當刪定六經之時，以其道可常行，正名爲經。〔註15〕
2. 孔子所定謂之經，弟子所釋謂之傳，或謂之記，弟子輾轉相授謂之說。惟《詩》、《書》、《禮》、《樂》、《易》、《春秋》六藝乃孔子所手定，得稱爲經。〔註16〕
3. 經名昉自孔子，經學傳於孔門。〔註17〕
4. 凡孔子所作謂之經，弟子所作謂之傳。〔註18〕
5. 既皆孔子所作，則皆當稱爲經。〔註19〕
6. 刪定六經，始於孔子。〔註20〕
7. 孔子刪定五經。〔註21〕
8. 尼山手定六經。〔註22〕

觀此可知皮錫瑞以爲「經」的定義在於：其一，孔子手定者得稱爲經；其次，《詩》、《書》、《禮》、《樂》、《易》、《春秋》六經乃孔子所手定，得稱爲經；其三，孔子爲經正名，乃認爲「其道可常行」。上述「六經」經孔子刪定

〔註13〕見皮錫瑞：《經學通論》（台北：台灣商務印書館，民國78年10月台五版），頁1～2。

〔註14〕如「經爲孔子所定」一說，在經學史上仍是無法確切證明之說，因此，皮氏此種說法，實爲立於今文學家的立場所做的主觀論斷。

〔註15〕見皮錫瑞：《經學歷史》，頁2～4。。

〔註16〕同前注，頁58～59。

〔註17〕同前注，頁36。

〔註18〕皮錫瑞：《經學通論》，頁12。

〔註19〕皮錫瑞：《經學通論》，頁14。

〔註20〕皮錫瑞：《經學通論》，頁8。

〔註21〕皮錫瑞：《增訂學堂章程》，見《年譜》光緒33年條，頁101。

〔註22〕皮錫瑞：《漢碑引經考・序》，引見《年譜》頁92。

後，皆具有如上的特質，故列爲「經」。孔子以前，不得有經。〔註23〕

而皮氏此「孔子刪定六經之說」，雖過於武斷，且多爲學者所批評，〔註24〕然因其所有之立論，皆准此而發，就今文家的「家法」而言，亦有其「不得不如是」之苦衷，否則，其下的所有論述都將無立基之地矣。

孔子既已刪定六經，其目的則在賦予六經「微言大義」，而「經」之「微言大義」的效用，則在「切合實用」。皮錫瑞云：

> 讀孔子所作之經，當知孔子作六經之旨。孔子有帝王之德而無帝王之位，晚年知道不行，退而刪定六經，以教萬世，其微言大義實可爲萬世之準則。後之爲人君者，必遵孔子之教，乃足以治一國。……孔子之教何在？即在所作六經之內。〔註25〕

又云：

> 《易》自伏羲畫卦，文王重卦，止有畫而無辭；亦如《連山》、《歸藏》只爲卜筮之用而已。……古《詩》三千篇，《書》三千兩百四十篇，雖卷帙繁多，而未經刪定，未必篇篇有義可爲法戒。……觀儒悲學〈士喪禮〉於孔子，〈士喪禮〉於是乎書。則十七篇（儀禮）亦自孔子始定。……《春秋》自孔子加筆削褒貶，爲後王立法，而後《春秋》不僅爲記事之書。〔註26〕

於此，則可知皮錫瑞認爲六經爲孔子刪定後始各具「微言大義」。至於「微言大義」的「切合實用」之效，皮氏則分別就《易》、《書》、《詩》、《禮》、《春秋》等五經，指出若干說法：

1. 伏羲作《易》垂教，在正君臣、父子、夫婦之義……。《易》……至孔子闡明其義理，推合於人事，於是易道乃著。〔註27〕
2. 論（《書》）百篇全經不可見，二十九篇，篇篇有義。……〈堯典〉見

〔註23〕同注3，頁1。

〔註24〕如日人本田成之《中國經學史》（台北：廣文書局印行本，民國90年10月再版）評皮氏曰：「經底名，始於荀子。以《詩》、《書》、《禮》、《樂》、《易》、《春秋》稱六藝，始於《史記》，……特別是皮錫瑞，卻說六經皆孔子之制作，其說明不足取不待言。」，頁8。此外，徐復觀《中國經學史的基礎》亦從經學的形成過程加以分析，以證皮氏之誤（見該書〈先秦經學的形成〉一章）。馬宗霍：《中國經學史・序》裡面亦有所批評。

〔註25〕見皮錫瑞：《經學歷史》，頁9。

〔註26〕見皮錫瑞：《經學歷史》，頁1～2。

〔註27〕見皮錫瑞：《經學通論》，頁2、9。

為君之義，君之義莫大於求賢審官。……〈皋陶謨〉見為臣之義，臣之義莫大於盡忠納誨。……〈禹貢〉見禹治水之功，並錫土姓，分別五股，觀此可以冠地理水道之書矣。……（以下省略）。

3.〈關雎〉刺康王晏朝，詩人作《詩》之義也。為正風之始，孔子定《詩》之義也。……張超曰：「防微消漸，諷諭君父，此作詩之義，孔氏大之，取冠篇首。」〔註28〕

4. 六經之義，亦以《禮》尤為重。……〈朝覲〉之禮，所以明君臣之義也。〈聘問〉之禮，所以使諸侯相尊敬也。〈喪祭〉之禮，所以明臣子之恩也。……〔註29〕

5.《春秋》有大義，有微言。所謂大義者，誅討亂賊以戒後世是也；所謂微言者，改立法制以致太平者是也。〔註30〕

故皮錫瑞認為，孔子賦予六經之微言大義，實皆切合於人倫日用，具有其實用之價值，並非僅止於「歷史資料」而已。經學的研究，當著重於闡發孔子之「微言大義」，以「經世致用」為目的，皮氏專明西漢今文經學之大義即是在此。

二、重師法、守顓門之目的在闡揚西漢今文經學

皮錫瑞認為「六經」既為孔子所定，並賦予「微言大義」，則尊孔子之教，方屬於正統的經學。而戰國之後，歷經秦朝「焚書坑儒」之禍，能傳孔子之教者，唯有西漢的今文經學。〔註31〕皮氏云：

孔子道在六經，本以垂教萬世，惟漢專崇經術，猶能實行孔教，雖

〔註28〕見皮錫瑞：《經學通論》，〈詩經〉篇，頁5～6。
〔註29〕見皮錫瑞：《經學通論》，〈三禮〉篇，頁81。
〔註30〕見皮錫瑞：《經學通論》，〈春秋〉篇，頁1。
〔註31〕西漢的今文經學是否能代表孔子之教，基本上是有問題的。以現今的學術眼光來看，皮氏所掌握的資料，充其量或許僅能夠代表「西漢今文家」的說法，未必足以等同孔子，其癥結在於西漢距離孔子之時代，已有兩三百年以上之久，加上戰亂、焚書等因素，流傳下來的資料極少，且多為斷簡殘篇，不足以掌握足夠的直接證據。以《尚書》一經而言，在無充足的文獻證據出現之前，在歷史的軌跡之下，伏生所傳的《尚書大傳》可說是皮氏所能掌握的最直接「證據」，而西漢傳《尚書》者，必然因為「漢人去古未遠」的觀念，其著作相對的有了很高的參考價值。故皮氏才會有「能傳孔子之教者，唯有西漢的今文經學」基本立場，並以「闡揚西漢今文經學」試圖上達於孔子之教。其用心亦可為良苦矣。

《春秋》太平之義，〈禮運〉大同之象，尚有未逮，而三代後政教之盛，風化之美，無有如兩漢者，降至唐、宋，皆不能及。〔註32〕

而此處所言的「漢」即指西漢的今文經學，皮氏又云：

治經必宗漢學，而漢學亦有辨。前漢今文說，專明大義微言，後漢雜古文，多詳章句訓詁。……惟前漢今文學能兼義理訓詁之長，武、宣之間，經學大昌，家數未分，純正不雜，故其學極精而有用。以〈禹貢〉治河，以〈洪範〉察變，以《春秋》決獄，以三百五篇當諫書，治一經得一經之益。……傳於今者，惟伏生《尚書大傳》……乃知漢學所以有用者在精不在博，將欲通經致用，先求微言大義。〔註33〕

可知錫瑞以爲，西漢武、宣時期之今文經學專明微言大義，且因「家數未分，純正不雜」，「故其學極精而有用」，而「所以有用者在精不在博」，「學之簡明者有用，繁雜者無用」。〔註34〕皮氏更進一步說明：

今欲簡明有用，當如《漢志》所云「存大體，玩經文」而已。〔註35〕

今之治經者，欲求簡明，惟有人治一經，經主一家，其餘各家，皆可姑置；其他各經，更可從緩。……但能略通大義，確守古說，即已不愧顓門之學。〔註36〕

此「人治一經，經主一家」之說，在於維持經說之「純正不雜」，不論是「師法」或是「家法」，〔註37〕其目的皆在「經旨不雜而聖教易明」，皮氏云：

經作於大聖，傳自古賢。先儒口授其文，後學心知其意，制度有一定而不可私造；義理衷一是而非能臆說。世世遞遭，師師相承，謹守訓辭，毋得改易，如是，則經旨不雜而聖教易明。〔註38〕

依此而言，則兩漢今文學當立學官者，僅武帝所立之「五經博士」，果如劉歆倡立《古文尚書》、《毛詩》、《周官》、《左氏春秋》等博士，則「既立學官，

〔註32〕見皮錫瑞：《經學歷史》，頁101。
〔註33〕見皮錫瑞：《經學歷史》，頁85。
〔註34〕見皮錫瑞：《經學歷史》，頁376。
〔註35〕見皮錫瑞：《經學歷史》，頁376。
〔註36〕見皮錫瑞：《經學歷史》，頁380。
〔註37〕皮氏云：「漢人最重師法，師之所傳，弟之所受，一字毋敢出入，背師說即不用，師法之嚴如此。」（《經學歷史》，頁70）又云：「前漢重師法，後漢重家法。先有師法，而後能成一家之言。師法者，溯其原，家法者，衍其流。」
〔註38〕見皮錫瑞：《經學歷史》，頁142～143。

必創說解」，「遂與今文分道揚鑣」，〔註 39〕如此一來，經說勢必愈形混雜，終至離孔子之道愈遠。是故，皮氏所強調之「重師法、守顓門」目的，即在推明西漢今文經學，亦即西漢今文經學之闡明，進而上達於孔子之教。

三、認同讖緯學之立場

讖緯書興起之年代，依清・趙翼《二十二史箚記・卷四・光武信讖書》所云，乃採用了《後漢書》張衡讖緯興起於西漢哀、平之際的說法，〔註 40〕然究之史實，則遠在西漢成帝之世，讖緯書即已存在。據《漢書・卷七十五・李尋傳》云：「乃說根（按：根即王根，爲成帝之舅）曰：『《書》云，天聰明。蓋言紫宮極樞，通位帝紀，太微四門，廣開大道，五經六緯，尊術顯士。』」即說明了哀、平前的成帝時代，已有完整的五經緯書的存在。李學勤先生在《緯書集成・序》裡面也說到：

> 阮元所編《詁經精舍文集》有徐養原、汪繼培、周治平、金鶚、李富孫等所作《緯侯不起於哀平辨》，論說尤詳，在這裡不能詳引。成帝時已有整齊的六緯，同五經相提並論，足證緯書有更早的起源。近年發現的長沙馬王堆漢墓帛書，埋藏於文帝前期，有的內容已有與緯書相似處。哀平之際，不過是緯書大盛的時期而已。〔註 41〕

蓋西漢哀、平之際，當如李學勤先生所云，乃讖緯書大盛的時期。至於其源頭，學者或以爲出於春秋，或以爲出於戰國，或以爲出於孔子，或以爲出於鄒衍；眾說紛紜，莫衷一是。〔註 42〕皮錫瑞對於讖緯之所出的觀念是：

> 孔穎達以爲「緯侯之書，僞起哀、平」其實不然。《史記・趙世家》

〔註 39〕見皮錫瑞：《經學歷史》，頁 82～83

〔註 40〕《後漢書・卷五十九・張衡列傳》云：「……則知圖讖成於哀、平之際也。」

〔註 41〕見日本安居香山、中村璋八編：《緯書集成・序》（河北：河北人民出版社譯，1994 年 12 月，河北人民出版社刊行），第一冊，頁 4。

〔註 42〕較早者，如梁・劉勰《文心雕龍・正緯篇》以爲源自於古代的《河圖》、《洛書》；後來的學者，如明・胡應麟《經籍會通》、孫瑴《古微書・卷三十二・河圖緯》、顧炎武《日知錄・卷三十・圖讖》、全祖望《鮚埼亭集・外編・卷四十八・原緯》、朱彝尊《經義考・卷二九八・說緯》、胡渭《易圖明辨・卷一・河圖洛書》、姚振宗《漢書藝文志拾補・例言》、錢大昕《潛研堂文集・卷九・七經緯不載於漢書藝文志》、張惠言《易緯略義敘》、皮錫瑞《經學歷史・經學極盛時代》、劉師培《左庵集・卷三・西漢今文學多採鄒衍說考》、陳槃《讖緯溯原・上》、鍾肇鵬《讖緯論略・第一章》等，皆有論及，可參看。

> 云：「秦讖於是出。」〈秦本紀〉云「亡秦者胡也」、「明年祖龍死」，皆讖文。圖讖本方士之書，與經義不相涉。漢儒增益祕緯，乃以讖文牽合經義；其合於經義者近純，其涉於讖文者多駁。故緯，純駁互見，不可一概詆之。〔註43〕

由此處觀之，皮氏一則據《史記・趙世家》所載：秦穆公病重不知人，……公孫支書而藏之；秦讖於是出矣。認爲讖始於春秋時秦穆公世，而緯則出於漢。其二，則表達了認同讖緯學的立場，蓋取其「合於經義者近純」也。

自秦、漢之後，方士與儒生本有結合之勢，且皆統稱爲「諸生」，儒者的著作，亦每多類於方士的讖緯論述，如伏生《尚書大傳》多五行之說，《齊詩》言五際，董仲舒《春秋繁露》以陰陽五行說《春秋》，《禮》有明堂陰陽，《易》有孟喜、京房等人以術數占驗說經，此種治學的方式與內容，在漢世蔚爲稱盛。故欲治漢世之經學，勢必無法盡摒讖緯之說。而皮錫瑞既欲明西漢今文經學，勢必對當代的讖緯之學採取認同的立場，以作爲自己論述之所據。

皮氏自言，其所以認同讖緯的理由主要有二：其一，緯書多存漢人經說，尤多與今文相合，後世解經，不得不引。其說如下：

> 讖緯多存古義，原本今文。〔註44〕
>
> 緯與讖有別。……圖讖本方士之書，與經義不相涉。漢儒增益祕緯，乃以讖文牽合經義。其合於經義者近純，其涉於讖文者多駁。故緯，純駁互見，未可一概詆之。其中多漢儒說經之文，……後世解經，不能不引。……馬融注《論語》引之，朱子注亦引之，豈得謂緯書皆邪說乎？〔註45〕
>
> 至於緯書內學，嘗與經部輔行。雖曰支流，實爲絕緒。〔註46〕
>
> 緯侯所陳，多與今文相合，載稽歲月，猶可徵明。〔註47〕

其二，西漢崇經術、重儒臣，而讖緯在漢代有「借天象以示儆」之義，且「實有徵驗」，「亦漢時實行孔教之一證」。皮氏云：

〔註43〕皮錫瑞著：《經學歷史》（台北：藝文印書館，民國85年8月初版三刷），頁107。

〔註44〕皮錫瑞：《經學歷史・經學統一時代》，頁215。

〔註45〕同前注，頁107～108。

〔註46〕皮錫瑞：《漢碑引經考・序》（台北：文海出版社，民國56年），頁6。

〔註47〕皮錫瑞：《六藝論疏證・自序》收於《續修四庫全書》（上海：上海古籍出版社，2002年1版），第171冊，頁270。

漢有一種天人之學，而齊學尤勝。《伏傳》五行，《齊詩》五際，《公羊春秋》多言災異，皆齊學也。《易》有象數占驗，《禮》有明堂陰陽，不盡齊學，而其旨略同。當時儒者以爲人主至尊，無所畏憚，借天象以示儆，庶使其君有失德者猶知恐懼修省。……其時人主方崇經術，重儒臣，故遇日蝕地震，必下詔罪己，或責免三公。……此亦漢時實行孔教之一證。後世不明此義，謂漢儒不應言災異，引讖緯，於是天變不足畏之說出矣。……然則孔子《春秋》所書日食、星變，豈無意乎？〔註48〕

漢儒言災異，實有徵驗。如昌邑王時，夏侯勝以爲久陰不雨，臣下有謀上者，而應在霍光。昭帝時，眭孟以爲有匹夫爲天子者，而應在宣帝。……王莽時讖云「劉秀當爲天子」，尤爲顯證。故光武以赤伏符受命，深信讖緯。五經之義，皆以讖決。賈逵以此興《左氏》，曹褒以此定漢禮。於是五經爲外學，七緯爲內學，遂成一代風氣。光武非愚闇妄信者，實以身試有驗之故。天人本不相遠，至誠可以前知。〔註49〕

據此可知，皮氏欲治兩漢經學，遂對漢人讖緯經說，不得不多所採認，可謂因漢學而信緯候也。故皮氏云：「歐陽修不信祥異，請刪五經注疏所引讖緯，幸當時無從其說者。從其說，將使注疏無完書。……當時若刪注疏，其去取必如《五經要義》，浮詞無實，古義盡亡；即惠、戴諸公起於國朝，亦難乎其爲力矣。」〔註50〕

第三節　皮錫瑞的《尚書》觀

一、對今古文之別的看法

皮氏以《史記・儒林傳》所云爲據，指出漢初已有《古文尚書》，與今文別出，故曰今古文之分，以《尚書》爲最先。而分別今古文，亦爲治《尚書》之一大關鍵，非僅爲門戶之爭也。《史記・儒林傳》云：「言《詩》，於魯則申

〔註48〕皮錫瑞：《經學歷史》，頁103～104。
〔註49〕皮錫瑞：《經學歷史》，頁107。
〔註50〕皮錫瑞：《經學歷史》，頁108。

培公，於齊則轅固生，於燕則韓太傅；言《尚書》，自濟南伏生；言《禮》，自魯高堂生；言《易》，自菑川田生；言《春秋》，於齊、魯自胡毋生，於趙自董仲舒。」此皆今文，無古文，唯於《尚書》云：「孔氏有《古文尚書》，而安國以今文讀之，因以起其家，逸《書》得十餘篇，蓋《尚書》滋多於是矣。」〔註51〕唯當時並未標明「今文」之名，待劉歆爭立古文經學爲學官時，始有今文《尚書》與古文《尚書》之別異。〔註52〕

皮氏又云：「漢時今古文之分，由文字不同，亦由譯語各異。」〔註53〕蓋今古文本同而末異，此乃就漢朝當時的環境而言，越接近「眞古文」之「文本」，理當越爲可信，一旦發現「古文」爲「僞」，則當時所傳之「今文」，相對的必然成爲可供「據信」的文本。皮氏舉龔自珍論今古文之差異云：「今文古文，同出孔子之手，一爲伏生之徒讀之，一爲孔安國讀之，未讀之先，皆古文矣，既讀之後，皆今文矣。唯讀者人不同，故其說不同……故經師之不能不讀者，不能使漢博士及弟子員，悉通周古文，然而譯語者未嘗取所譯之本而毀棄之也……讀《尚書》者，不曰以今文讀後而毀棄古文也，故其字仍散見於群書及許氏《說文解字》之中，可求索也。」〔註54〕基本上，由於孔安國爲今文博士且又能古文，所以由他所傳授的《尚書》，應是今文二十九篇，而這二十九篇在客觀事實上應該是與古文《尚書》的二十九篇相同的，而如今孔安國之本既不可求而得之，唯伏生所傳之本可信，此皮氏之所以力主今文《尚書》之基本立場也。

二、對《尚書》篇數看法

關於《尚書》之篇數，自司馬遷《史記》有孔子刪《書》之說後，具代表性的觀點當推《尚書緯・璇璣鈐》：「孔子求《書》，得黃帝玄孫帝魁之《書》，迄於秦穆公，凡三千二百四十篇，斷遠取近，定可以爲世法者，百二十篇，以百二篇爲《尚書》，十八篇爲《中候》。」然此百篇《尚書》是否爲眞，今

〔註51〕瀧川龜太郎著：《史記會注考證》（台北：洪氏出版社，民國75年9月出版），頁1286、1290。

〔註52〕見《漢書・劉歆傳》與劉歆〈讓太常博士書〉。

〔註53〕皮錫瑞撰：《經學通論・書經》（台北：台灣商務印書館，78年10月台五版），頁48。

〔註54〕見《龔自珍全集・太誓答問第二十四》（台北：河洛出版社，民國64年出版），頁75。

不得而見。漢初傳《尚書》者，始自伏生，伏生傳經二十九篇，見諸《史記・儒林傳》與《漢書・儒林傳》,《史記・儒林傳》云:「秦時焚書，伏生壁藏之，其後兵大起，流亡。漢定，伏生求其《書》，亡數十篇，獨得二十九篇，即以教於齊、魯之間。」《漢書・儒林傳》與此略同。此明載漢初傳《尚書》二十九篇，未有二十八篇之說，孔穎達《尚書正義》引孔臧云二十八篇，蓋取二十八宿之說，皮氏舉段玉裁、王引之之說正其誤也。〔註 55〕而劉向《別錄》與王充《論衡・正說篇》皆云〈太誓〉一篇後得，故此二十九篇該如何計算，學者意見亦不甚相同。

皮氏舉出三位學者之意見：其一，今文二十九篇，當合〈顧命〉、〈康王之誥〉爲一，而以〈太誓〉當一篇者，王引之《經義述聞》是也；其二，以〈書序〉當一篇者，陳壽祺《左海經辨》是也；其三，分〈顧命〉、〈康王之誥〉爲二，不數〈太誓〉、〈書序〉，龔自珍《太誓答問》是也。並對三位學者之意見，下一論斷云:「當從《太誓答問》，分〈顧命〉、〈康王之誥〉爲二，不數〈太誓〉、〈書序〉爲是。」〔註 56〕並補充說:「《史記・周本紀》云，作〈顧命〉、作〈康誥〉小注:〈康誥〉即〈康王之誥〉，則史公所傳伏生之書，明分二篇。」此爲皮錫瑞對《今文尚書》二十九篇之看法。至於《古文尚書》之篇數，皮氏則依《漢書・藝文志》:「以考二十九篇，得多十六篇。」並云:「鄭玄則於伏生二十九篇之內，分出〈盤庚〉二篇、〈康王之誥〉，又〈泰誓〉三篇，爲三十四篇。更增益僞書二十四篇，爲五十八，……以此二十四篇爲十六卷，以〈九共〉九篇共卷，除八篇，故爲十六。」〔註 57〕而《漢書・藝文志》所載「爲五十七篇者」，蓋因建武之際，亡〈武成〉一篇之故。

三、治《尚書》當以伏生所傳之今文爲據

皮氏以爲，依《史記》及《漢書》所載，伏生得《書》只二十九篇，固無僞也。其所以可據信者，蓋因「秦燔亡失所得止此，則雖不備，而不得不以爲備矣。……試問傳《尚書》者，有古於伏生者乎？豈伏生《大傳》不足信，末師之說乃足信乎？」〔註 58〕伏生所傳，多爲古義，如「大麓之野，必

〔註 55〕皮錫瑞撰：《經學歷史》（台北：藝文印書館，民國 85 年 8 月初版三刷），頁 50。

〔註 56〕皮錫瑞撰：《經學通論・書經》，頁 51。

〔註 57〕皮錫瑞撰：《經學通論・書經》，頁 52。

〔註 58〕皮錫瑞撰：《經學通論・書經》，頁 56～57。

是山林；旋機之星，實爲北極；四方上下，六宗之義可尋；三才四時，七政之文具在。…」〔註 59〕此必不可創新解而背師說者。至其後三家之傳，乃漸失初祖之義，如歐陽、夏侯說天子服十二章，公卿服九章，背伏生五服五章之說；馬、鄭以璿機玉衡爲渾天儀，背伏生璿機北極之說等，皆經義之所以不明者。

自劉歆古文說出，今文遂衰，而《尚書》之義亦屢有所變，學者各有所據，蔽所不見，相互攻訐，或據蔡《傳》以攻孔《傳》，或據孔《傳》以攻蔡《傳》，或據馬、鄭以攻孔《傳》、蔡《傳》者，故皮氏以爲：「使後世學者能恪遵最先之義，不惑於後起之說，徑途歸一，門戶不分，不難使天下生徒皆通經術。」〔註 60〕

四、《尚書》解經之可依據者

皮氏以爲欲解《尚書》者，自伏生大傳之後，以《史記》爲最早，可據，而《史記》引《書》多以今文爲主，不當據爲古文。〔註 61〕蓋漢武帝立經學十四博士，《尚書》唯有歐陽，而司馬遷之《尚書》學，不言受自何人，僅《漢書・儒林傳》載：「司馬遷亦從安國問，故遷書載〈堯典〉、〈禹貢〉、〈洪範〉、〈微子〉、〈金縢〉多古文說。」然皮氏以爲史遷從安國問故，《史記》所未載，不知班氏何據？並引陳壽祺之說云：「今以五篇考之……文字皆與今文脗合，則所謂多古文說者，特指其說義耳，若文字固不盡從古文也，五篇而外，所錄皆今文說可知，……司馬子長時，《書》唯有歐陽，大小夏侯未立學官，然則《史記》所據《尚書》乃歐陽本也。」〔註 62〕又其於〈書序〉，亦主張〈書序〉有今古文之異，《史記》所引〈書序〉皆今文，可據信；而馬、鄭、僞孔古文〈書序〉不盡可據信，致爲後人所疑，當以《史記》今文序爲斷。〔註 63〕

其次，於《伏傳》《史記》之後，則《白虎通》多載今文《尚書》說，皮氏云：「《白虎通》爲今文各經之總匯，具唐虞三代之遺文，碎璧零珪，均稱瑰寶，雖不專爲《尚書》舉證，而《尚書》之故實典禮，要皆信而有徵，治

〔註 59〕同前注。
〔註 60〕皮錫瑞撰：《經學通論・書經》，頁 70。
〔註 61〕見《經學通論・書經》，頁 57。
〔註 62〕見陳壽祺撰：《左海經辨》，收於《續修四庫全書・經部・群經總義類》（上海：上海古籍出版社，2002 年一版），第 175 冊，頁 385。
〔註 63〕皮錫瑞撰：《經學通論・書經》，頁 77、78。

今文《尚書》者，于《伏傳》、《史記》外，當以此書爲最。」〔註 64〕再者，兩《漢書》及漢碑之引《尚書》，歷漢朝四百年之通行，亦皆漢時通行之本，以「證伏書二十九篇之古義，雖不能備，而《尚書》之大旨，可以瞭然於心，而不爲異說所惑矣。」皮氏於此，復作《漢碑引經考》一文以明之。又就《書》義而言，倪寬嘗受學於歐陽生與孔安國，其後之歐陽（世、高）大小夏侯（勝、建）之學皆出於倪寬，於是皮氏乃主張：「是安國古文之傳，已併入歐陽夏侯，更不當求《書》義於歐陽夏侯三家之外。」〔註 65〕此爲皮氏欲納古文與今文爲一，實則仍以今文爲尊也。

皮氏的基本觀念認爲：解經當「據經文解之、據漢人古義解之，不得從後起之說」，「蓋漢時去古未遠，其說必有所受」，如果「經有明文，習而不察」，反「釋以顢頇之辭，此大惑者」；〔註 66〕又如「《尚書》有不能解者，當闕疑，不必強爲傅會，漢儒疑辭，不必引爲確據」，因「漢儒解經，其有明文而能自信者，即用決辭，其無明文而不能自信者，即爲疑辭」，「其不敢爲決辭，蓋見先儒矜慎之意」也。〔註 67〕

五、辨古文之說不可據

皮氏以爲古文《尚書》之所以不可據者，一則因秦燔而篇名多僞，一則因秦燔亡失而文字多僞；其次，古文無師說，二十九篇之古文說亦參差不合，多不可據；其三，古文《尚書》誤以《周官》解唐虞之制，故不可據；其四，古文《尚書》說變易今文，亂唐虞三代之事實，故不可據。(《經學通論》，頁3～4)

皮氏云「今文早出有師說，古文晚出無師說」，「且眞古文亦無師說」，「孔安國古文《尚書》但有經而無傳也，……如安國有師說，霸豈得捨而事夏侯，大夏侯有孔許之學，則孔氏之家學傳在夏侯，而非傳安國矣。」〔註 68〕又云，逸十六篇《尚書》「馬融以爲絕無師說，鄭（玄）亦不注逸《書》，觀於逸《書》之無師說，又安國《古文尚書》有經無傳之明證也。」〔註 69〕

〔註 64〕皮錫瑞撰：《經學通論・書經》，頁 60。
〔註 65〕皮錫瑞撰：《經學通論・書經》，頁 60。
〔註 66〕皮錫瑞撰：《經學通論・書經》，頁 61～62。
〔註 67〕皮錫瑞撰：《經學通論・書經》，頁 93～94。
〔註 68〕皮錫瑞撰：《經學通論・書經》，頁 60～61。
〔註 69〕同前注。

故二十九篇以外之古文既不可信，則二十九篇之中，有古文說者，皮氏以爲「蓋創始於劉歆，歆欲建立古文，必有說義，方可教授」，〔註70〕如以三公爲太師、太傅、太保；以六宗爲乾坤六子；以父師爲箕子；以文王爲受命九年而崩等，此皆劉歆之說，而至今可考見者。至若許愼《五經異義》之引古文說者，錫瑞以爲「蓋出衛宏、賈逵，亦或本之於歆，衛、賈所作訓今不傳……鄭注《古文尚書》，多本於衛、賈、馬，今馬、鄭註解，猶存其略，而鄭不同於馬，馬又不同於衛、賈，蓋古文本無師授，所以人自爲說，其說互異，多不可據。」〔註71〕

又古文家說《尚書》，多本於《周官》之制以解說唐虞之制，此《尚書》制度大亂之端也。皮氏例舉古文家說《尚書》有官制、服制、土地之制、瑞玉之制等「四失」以明之：「唐虞以羲和專司天文，四岳主方岳，九官治民事，各分其職，鄭（玄注《尚書》）乃混而一之，是本《周官》六卿，以亂唐虞之官制，其失一也；天命有德，五服五章，……《續漢・輿服志》孝明皇帝永平二年初，詔有司採《周官》、《禮記》、《尚書・皋陶篇》，乘輿服，從歐陽說，日月星辰十二章，……是本《周官》十二章，以亂唐虞之服制，其失二也；……歐陽、夏侯說中國方五千里，《漢書・賈捐之傳》、《鹽鐵論》、《說苑》、《論衡》、《白虎通》說同，……古《尚書》說五服旁五千里，相距萬里，……是本《周官》九服，以亂唐虞土地之制，其失三也；《白虎通・瑞贄篇》曰：『何謂五瑞？謂珪、璧、琮、璜、璋也。』……馬注云：『五瑞，公、候、伯、子、男，取執以爲瑞信也。』……周以前不得有五等之爵，是以周官五等，亂唐虞瑞玉之制，其失四也。」〔註72〕又皮氏主張，不僅唐虞三代之制度，並唐虞三代之事實亦亂矣，其下列舉古文《尚書》說變亂三代之事實者十項，以證其說。〔註73〕

六、兼採今古

皮氏曾云：「今文有譌俗，不妨以古文參考。然古文無說解，劉歆、衛、賈皆不足據，說解應仍用三家今文，兼采所長，乃爲盡善。」〔註74〕故知皮

〔註70〕同前注。
〔註71〕皮錫瑞撰：《經學通論・書經》，頁60～61。
〔註72〕皮錫瑞撰：《經學通論》，頁66～67。
〔註73〕皮錫瑞撰：《經學歷史》，頁68～70。
〔註74〕見皮錫瑞撰：《今文尚書考證》（北京：中華書局，1989年12月第1版），頁

氏治《尚書》，雖亦有參酌古文《尚書》之處，然其去取仍以與今文異同爲斷。其取於古文者，以其「言多近理」，至於說解之處，仍採三家今文。如其言：「閻若璩、毛奇齡兩家之書，互有得失，當分別觀之」，〔註75〕即以爲閻氏證古文之僞甚爲確切，然閻氏據宋人之說以斥孔《傳》則非，其歷舉閻氏之非者有十三，〔註76〕並云：「閻氏此等處，皆據宋人以駁古義，有僞孔本不誤而閻誤者。蓋孔書雖僞，而去漢未遠，臆說未興，信宋人不如信僞孔，毛（奇齡）不信宋人，篤守孔書之義，……是則毛是而閻非者，學者當分別觀之，勿專主一家之說。」〔註77〕此乃皮氏以爲：漢初之諸儒，由於去古未遠，故其說多存古義且有所受，而宋儒解經善於體會語氣，乃以一己所見之理，「理所當然」地懸斷千載以前之事實，此實不可取也，亦使《尚書》之義，更爲渾沌不明矣。

此外，焦循《尚書補疏·序》中，亦歷舉《孔傳尚書》之善者有七，〔註78〕皮氏則以「焦氏所舉以稽古爲考古，以四罪爲禹治水之前，以居東爲東征，以罪人爲祿父管蔡」爲是，「至信《僞孔》疑《史記》明堂位，則其說非是」，因「《史記》引書最古」，「豈可妄去」。〔註79〕蓋古文之說，有可取、有不可取者，其去取一以今文爲斷，此乃皮氏今文學一貫之立場也。

5。

〔註75〕皮錫瑞撰：《經學通論·書經》，頁82。

〔註76〕皮錫瑞撰：《經學通論·書經》，頁83～84。

〔註77〕同前注。

〔註78〕焦循撰：《尚書補疏·序》，收於《皇清經解尚書類彙編》（臺北：藝文印書館，民國75年6月出版），第二冊，頁1231。

〔註79〕皮錫瑞撰：《經學通論·書經》，頁85。

第三章　皮錫瑞《尚書》著作述要

皮錫瑞作為晚清今文《尚書》學之大家，其《尚書》著作之豐富、嚴謹，可說是總前人之大成。清代今文《尚書》學之研究，至皮氏可說是已達顛峰。

皮氏之《尚書》著作，主要有：《尚書大傳疏證》、《今文尚書考證》、《尚書中侯疏證》、《古文尚書冤詞平議》、《尚書古文疏證辨正》、《史記引尚書考》、《尚書古文考實》等，其中以《今文尚書考證》一書為最，可說是皮氏今文《尚書》學之集大成，其次為《尚書大傳疏證》、《尚書中侯疏證》、《古文尚書冤詞平議》、《尚書古文疏證辨正》等，至於《史記引尚書考》一書為「未刊及已佚稿」，〔註1〕今未得見；而《尚書古文考實》一書，臺灣地區尚未見影印刊行，而原刊本現藏大陸。〔註2〕今依《今文尚書考證》、《尚書大傳疏證》、《尚書中侯疏證》、《古文尚書冤詞平議》之順序，將皮氏幾本重要之《尚書》著作略述如下：

第一節　《今文尚書考證》

《今文尚書考證》一書完成於清光緒二十三年（西元 1897 年），為皮氏

〔註1〕據皮民振：《年譜》所載，該書歸類於「未刊及已佚稿」項下，見《年譜》頁9。

〔註2〕筆者案：皮氏《尚書古文考實》（光緒22年湖南思賢書局刊本）一書，據《年譜》所載，屬「已刊各書」（頁8）；而《經學歷史》（臺北：藝文印書館，1987年10月）附錄所載，則列於「已刊今佚」。臺灣地區今未得見。惟據口試委員蔣秋華老師所示，中研院中國文哲研究所於去年（92）舉辦之「湖湘學者的經學研究」學術研討會，大陸學者湖南大學吳仰湘先生之論文表示該書原刊本現仍存於大陸圖書館中，並將原書影印贈予文哲所。蒙蔣老師之慷慨厚愛，亦影印乙份予筆者，以為修訂論文與研究之參考，特此誌謝！

的代表著作之一，全書共三十卷，以二十九卷考證今文《尚書》二十九篇，最後一卷則考證今文〈書序〉。書前有王先謙〈序〉。全書論述之體例，依皮氏自云，乃「仿孫淵如（星衍）《尚書今古文注疏》體例，正文用通行本，小字分注今文」，「凡有古義可憑，但云今文作某」。〔註 3〕故全書皆可見皮氏云「今文作某」、「今文《尚書》作某」、「今文一作某」之例。

全書撰作之目的，乃在廣引證據與各家學說，以證明伏生《尚書大傳》之義，並還原《今文尚書》之本來面貌。故全書不論在用字、遣詞、《尚書》經說之考證上，乃至於名物、制度、三代史實的論證上，無不以釐析《今文尚書》之正解爲其宗旨（詳見本文四、五章之論述）。

蓋皮氏以爲傳《尚書》一經者，以伏生爲最早，西漢時中祕雖藏有眞古文《尚書》，然僅有經文，無說解，故解《尚書》者，仍以伏氏之說最爲可信，趙宋以後，伏生所傳之《尚書》散亡，惟「福州輯本，鄞縣逸書」，「葆此殘偏，碎金斯貴」，〔註4〕其所考得之篇實，皆當信從。其次，皮氏以爲《史記》一書多列《尚書》之文，其本當爲歐陽《尚書》家法，所載之事惟「文王囚羑里之後，乃出戡耆；箕子封朝鮮之前，已先訪範」二者與《大傳》不合，「雖有小異，無害大同」。故《大傳》以外，實以《史記》所載之今文說最爲可信。其三，西漢舊說，既以《史記》爲最，則東漢之今文經說，當亦叢集于《白虎通》，蓋《白虎通》多載《今文尚書》說，所載之事，「皆不背于伏書，亦無違於遷史。」〔註5〕其四，西漢傳伏生《尚書》有歐陽、大小夏侯三家，皮氏云：「三家派分，顓門教授，說經者，言逾百萬；從學者，眾至千人。」故「與伏生、史公之義不合者，蓋三家博士新說也」，〔註6〕當予以辨明。其五，「漢世通行今文，漢碑尤可據信」，「凡屬隻字單詞，皆同吉光片羽」，〔註 7〕此於考證今文時，助益頗多。惟「兩漢碑碣，不盡合於六書」，〔註 8〕漢世通行之文字，亦多譌省，故「今文有譌俗，不妨以古文參考，然古文無說解，劉歆、衛、賈皆不足據，說解應仍用三家今文，兼採所長，乃爲盡善」，所謂「字體或依古本，訓辭仍襲今文」是也，此亦考證《今文尚書》之基本原則。

〔註 3〕見皮氏《今文尚書考證・凡例》，頁 4。
〔註 4〕見皮氏《今文尚書考證・凡例》，頁 1。
〔註 5〕見皮氏《今文尚書考證・凡例》，頁 3。
〔註 6〕同前注。
〔註 7〕同前注。
〔註 8〕見皮氏《今文尚書考證・凡例》，頁 5。

其六，皮氏云「解經當實事求是，不當黨同妒眞」，蓋自鄭康成、王子雍以下，今文之師法、家法早已無存，今古文之界線亦混淆難辨，故欲明《今文尚書》之說，使之純駁無雜，則「予之去取，一以與今文異同爲斷」，蓋古文中如有與今文同者，則「是」之，至若《大傳》、《史記》、三家《尚書》等之文字或有不同，然於《今文尚書》大義無關者，則「各依其本書，不敢強之使一」，〔註9〕此則皮氏考證今文尚書之原則也。

故皮氏依此原則以成《今文尚書考證》一書，其意乃在明伏生所傳之《今文尚書》大義，王先謙於《今文尚書考證・序》中所云：「其條理今文，詳密精審，……後之治今文者，得是編爲前導，可不迷於所往。」〔註10〕誠是也。

第二節　《尚書大傳疏證》

《尚書大傳疏證》七卷，原名《尚書大傳箋》，初作於光緒十三年（西元1887年），光緒二十一年（西元1895年）重加注疏，始定名。皮氏《年譜》嘗云：「公治《尚書》，服膺伏生，宗今文說。至是作《尚書大傳箋》，爲著書之始。」〔註11〕又光緒二十一年「正月，改《尚書大傳箋》名《尚書大傳疏證》，重加疏注」。〔註12〕皮氏在本書之〈自序〉云：「錫瑞殫精數年，易稿三次，既竭駑鈍，粗得端緒。」足見其用功之勤。又《年譜》亦謂：「光緒十三年，始爲《尚書大傳箋》，後更名《尚書大傳疏證》，越十年始成。……公平生學問，實萃此書。」〔註13〕王闓運（壬秋）先生對本書亦推崇備至，皮氏《年譜》記載：「王壬秋先生，深稱公著《尚書大傳疏證》，徵引精碻，其孫時尚未受書，云俟公《疏證》出，乃以授之。」其下小注云：「賀贊元緘，入衡州，謁壬父先生，過詢止宿，篤見開引。至論《尚書》，深稱夫子徵引精碻，其孫時尚未授《書》，俟夫子《疏證》本成乃授，足見折服之深。」〔註14〕

至於本書之著作動機，皮氏在〈自序〉云：

自暴秦燔坑，經義堙曖……惟《尚書》一經，上紀五帝，邈乎百篇，

〔註9〕以上見皮氏《考證・凡例》，頁6～8。
〔註10〕王先謙撰：《今文尚書考證・序》，見皮氏《考證》，頁1。
〔註11〕見《年譜》光緒十三年丁亥條，頁21。
〔註12〕見《年譜》光緒二十一年乙未條，頁31。
〔註13〕見《年譜・皮鹿門先生傳略》，頁3。
〔註14〕見《年譜》光緒二十二年丙申條，頁43。

> 莫由再覩，斯文未喪，一老憖遺，著錄本於秦官，發藏先於孔壁，……是知山東之大師，無若泲南之閎遠，厥後東京祖鄭，南宋宗朱，懿彼兩賢，師法百禩，……然則專家雖亡，莫尋虎觀之緒，四卷俱在，猶見鴻生之遺。……近儒蒐輯古書，不遺餘力，而伏《傳》全本，莫覩人間。吳中略摭缺殘，侯官復增校訂，揆之鄙見，尚有譌漏，乃重加補正，爲作《疏證》。仿孔沖遠之例，釋滯求通；衍鼂家令之流，暢微抉隱。〔註15〕

可知皮氏認爲伏生最能傳《尚書》之學，後之學者對於伏《傳》之輯、校，亦多所譌漏，又云：

> 近人並伏鄭爲一談，昧古今之殊旨。西莊之作《後案》，阿鄭實多，樸園之考今文，詆伏尤妄。今將別漢司農之注，守秦博士之傳。〔註16〕

凡此汨亂今、古文家法者：如王鳴盛（西莊）之《尚書後案》，實爲發揮鄭玄家學之作；陳橋樅（樸園）之《今文尚書經說考》，雖爲上溯西漢今文之作，然亦有取於馬、鄭之傳注，違詆伏生之例亦夥。皆無法申明伏生《尚書》之學。故皮氏乃以陳壽祺《尚書大傳輯校》爲底本，分別鄭玄與伏生之原旨：「原注列鄭，必析異同，輯本據陳，間加釐訂，所載名物，亦詳徵引。冀以扶孔門之微言，具伏學之梗概。」〔註17〕

此外，皮氏於〈自序〉中嘗言此書之撰作有四大困難，所謂：「拾遺訂墜，有四難焉。」換言之，此四難即皮氏寫作此書所欲嘗試解決的問題。皮氏云：

> 伏生生自先秦，多識古禮，學興前漢，是爲今文。……乃自紅休一出，赤伏中興，信列國陰謀之書，用山巖疑似之說。昧者遂疑，今爲漢法，古是周文，素王之制，定自太常。……今將袪此大惑，紹夫顓門，而曲臺逸文，麈珠散失，石渠議奏，碎壁湮淪，其難一也。
>
> 東京作章句，必曲曲以敷陳，西漢尚微言，不字字而比傅。江都之述《繁露》，太傅之傳《韓詩》，比於是編，實尠鼎足，乃或昧於古書之例，徒以耳食自矜。〈皐謨〉之言貢士，必欲強通，〈多士〉之

〔註15〕見《續修四庫全書・經部・書類》（上海：上海古籍出版社，2002年1版），第51冊，頁698。

〔註16〕同前注。

〔註17〕見《續修四庫全書・經部・書類》，頁698～699。

論宮城，亦思影坿，……致爲此書詬病，實由誤會傳文。今將辨明體裁，析解淆惑，而譌謬沿襲，或且強作調人，摧陷廓清，莫能比於武事，其難二也。

漢通天人，多出齊學，《詩》說五際，《春秋》三科，擬諧〈洪範〉之辭，皆明災異之旨，故自漢至隋，並著於史，良以五行之義，自成一家之言。宋人疾緯書如仇讎，謂天變不足畏，《中候》十八，暨詆爲讏言，大法九章，皆從棄置。今將甄極毖緯，推明禹疇，而河、洛遺文，無由鉤擿，向、歆異說，亦匙折衷，其難三也。

金絲既振，乃有壁書，門户斯歧，多逞胷臆。鄭君既注是書，自宜恪遵勿失，乃詆歐陽爲蔽冒，信衛賈爲雅材，……〈甘誓〉六卿，解以周制，〈堯典〉八伯，義非虞官，……皆由泥古，不免獻疑。近人併伏、鄭爲一談，昧古今之殊旨，……今將別漢司農之注，守秦博士之傳，而庸俗異視，易謬元黄，別定一尊，莫分黑白，其難四也。

此皆爲皮氏撰作本書時所欲克服之目標，皮氏既爲伏生《尚書大傳》做《疏證》，則論述徵引必篤守今文家法，釐析今、古混淆之制；多取緯候之說，以明天人之學、災異之旨，要之，在於希望還原西漢伏生《尚書》學之梗概也。

第三節　《尚書中侯疏證》

《尚書中侯疏證》一卷，撰成於光緒二十五年，有《師伏堂叢書》本（現藏上海復旦大學及台灣大學圖書館，光緒二十五年湖南思賢書局刊本）及《皮氏經學叢書》本（現藏台北中央研究院傅斯年圖書館，亦爲光緒二十五年之刊本）。據孔穎達《尚書正義》爲孔安國〈尚書序〉所作之〈疏〉云：「鄭（玄）作《書論》，依《尚書緯》云：『孔子求書，得黃帝玄孫帝魁之書，迄於秦穆公，凡三千二百四十篇，斷遠取近，定可以爲世法者百二十篇，以百二篇爲《尚書》，十八篇爲《中候》。』」〔註18〕馬國翰《玉函山房輯佚書・尚書中候序》云：「書中多言河洛符應，亦讖緯之類也。」皮氏立於今文家的立場，故深信《書緯》之說，其云：

《中候》之文，與《書》同出，鄭君之論六藝，以爲孔子定書百篇，百二篇爲《尚書》，十八篇爲《中候》，是則淵源不二，表裡互明。……

〔註18〕此出《尚書》緯《璿璣鈐》。

又況龜龍之神，魚鳥之兆，具存經義，匪獨緯文，……矧至誠可以前知，禎祥初非附會，政起胡破，尚傳演孔之圖，摘洛鈎河，不比閉房之記。豈必神道設教，隱開趙宋之天書，帝命錫疇，并疑胥於之誑語耶？〔註19〕

其書乃依袁鈞之輯本，參以馬國翰《玉函山房輯佚書》之《尚書中候》三卷，「推原注義，加以疏證」，冀以「明兩漢天人之學，辨一孔目論之非」。〔註20〕全書十八篇目次與袁鈞輯本同，首自〈敕省圖〉起，依時代次序排列爲〈握河紀〉、〈運衡〉、〈考河命〉、〈題期〉、〈立象〉、〈儀明〉、〈苗興〉、〈契握〉、〈雒予命〉、〈稷起〉、〈雒師謀〉、〈合符后〉、〈摘雒戒〉、〈霸免〉、〈準纖哲〉、〈覬期〉。〔註21〕

每篇首列篇目，次列本文，文中以小字雙行加注，間附考證，凡引袁氏之處，一以「袁氏考證曰」明之。每篇之後，輒以小字雙行爲〈疏證〉，所引之書遍及經、史、子、集各類，殊稱完備，並列舉袁氏輯本闕漏之處，如〈握河紀〉:「帝堯即政七十載，祗德匪懈，萬民和欣」，袁氏於「祗德匪懈」下云：「祗上本有堯字，與前文重，刪去。(《御覽》)〈休徵部〉作『堯德匪懈』。」〔註22〕皮氏則於「萬民和欣」句，下注云:「《開元占經》一百十八引《中候》，上句作『堯勵德匪』懈，袁本未引。」〔註23〕是也。

其次，皮氏對此屬「緯書」〈疏證〉之文，亦多涉名物制度之考證，頗有可觀之處，足見其篤實矜愼之學風。如〈握河紀〉「鳳凰巢阿閣讙樹」,「注□□榮名宮中之衖門曰閣，鳳皇□于屋，榮從□□而出，讙鳴於朝廷之樹」。皮氏除引袁氏考證以明□中所缺之字外，復於其後〈疏證〉，例舉《考工記》、《儀禮・昏禮》、《國語》韋注、《爾雅・釋宮》、《廣雅》等書，以釋「宮中之衖門

〔註19〕見《續修四庫全書・經部・書類》(上海：上海古籍出版社，2002年1版)，第55冊，頁845～846。

〔註20〕同前注，頁846。

〔註21〕袁鈞之輯本與孔廣林所輯之《尚書中候鄭注》目次相同，而異於馬國翰之輯本。孔廣林述其排序之緣由云:「〈敕省圖〉總敘帝皇，其最先者，故以爲首。……〈命歷序〉(《路史》)云堯修壇於河，受龍圖，作〈握河紀〉,〈帝王世紀〉云:『禪後二年，刻璧爲書沈洛』，今〈中候運衡〉是也。……」見《尚書中候鄭注・序錄》，孔廣林撰，新文豐出版社，民國76年6月台一版，頁1。

〔註22〕見《尚書中候注》一卷／(漢)鄭玄撰：(清)袁鈞輯，清光緒十四年(1888)浙江書局刊本，收於《鄭氏佚書》第三冊，頁4。

〔註23〕見《續修四庫全書・經部・書類》，頁848。

曰閣」。最後，則將數條不知何篇之文附於文末，注云：「以下數條，皆不知何篇之文，袁本不載，附錄於後以俟考。」〔註 24〕

第四節　《古文尚書冤詞評議》

《古文尚書冤詞》八卷，爲清初學者毛奇齡（西河）〔註 25〕所撰，其先閻若璩嘗著《古文尚書疏證》，列舉一百二十八條證據，斷定《古文尚書》十六篇及孔安國《傳》爲僞書，毛奇齡則持反對態度，務信《古文尚書》爲眞，遂就李恕谷與錢曉城之所辨，斷以平日所考證，作《古文尚書定論》四卷，其後改名爲《古文尚書冤詞》，並增爲八卷，世目之爲駁閻氏立論之著。全書主要內容計有十項，分述於八卷之中，其一曰總論，二曰今文尚書，三曰古文尚書，四曰古文之冤始於朱氏，五曰古文之冤成於吳氏，六曰書篇題之冤，七曰書序之冤，八曰書小序之冤，九曰書詞之冤，十曰書字之冤。〔註 26〕而書詞之冤乃爲其論辨之重心。

皮錫瑞卻認爲毛西河之《冤詞》不盡爲駁閻而作，乃因毛氏一方面好與朱子爲難，一方面又欲與閻潛邱爭勝的結果。於是皮氏乃作《古文尚書冤詞平議》二卷，冀以持平毛、閻兩家之說。其自序云：

> 惟檢討之才長於辨駁，務與朱子立異，而意見偏宕，遂有信所不當信，疑所不當疑者……檢討是書，其佳處在不申宋儒新說，如武王封康叔，周公留後之類；其弊則在專信僞孔，並《伏傳》、《史記》亦加訾議，與（閻氏）《疏證》互有得失，其是非可對勘而明。予於《疏證》既爲辨正，乃於是書更作《平議》，冀以持兩家之平焉。〔註 27〕

〔註 24〕見《續修四庫全書・經部・書類》，頁 868。

〔註 25〕毛奇齡，字大可，一字齊于，又名甡，字初晴，蕭山人。晚年，學者稱爲西河先生。生於明天啓三年，卒於清康熙五十五年（1623～1716），年九十四。（按毛氏生卒年各家互有異說，此依古師國順所考，見氏著《清代尚書學》（台北：文史哲出版社，民國 70 年 7 月初版），頁 121）少擅詞賦，兼工度曲，於康熙十八年應博學鴻詞科，取二等，授翰林院檢討一職，兼充明史纂修官。（見《清史》卷四八〇，蕭一山撰，中華文化出版事業委員會，民國 41 年）

〔註 26〕見《四庫全書總目・經部・書類二》（台北：藝文印書館，民國 86 年 9 月初版七刷），頁 291。

〔註 27〕見皮錫瑞著：《古文尚書冤詞平議・自序》，收於杜松柏編：《尚書類聚初集》（台北：新文豐出版公司，民國 73 年）第 7 冊，頁 495。

又皮氏以爲毛西河務反朱熹言論，故朱熹信《儀禮》，毛即謂三《禮》之中，《儀禮》最下；朱子疑《古文尚書》，毛便爲《古文尚書》辯護，並詆同時人之不信古文者，此皆由於意見偏宕使之然也。

此書分上、下二卷，乃摘取毛氏《冤詞》一文中，立論偏頗及訛誤之處，加以論述。每段先摘錄毛氏之文，其後，繼之以「平曰」云云，以低一格之方式爲之，論述皮氏所謂之「平議」。共計上卷二十九條，下卷三十一條。茲略舉其精要者一二如下：

一、毛氏《冤詞》云：「《伏書》二十九篇，至武帝時，外間疑〈泰誓〉爲僞，遂去此篇。」皮氏之平議則略云：《伏書》二十八篇，不數〈泰誓〉，《論衡》及《正義》引劉向《別錄》略同，世皆以二十八篇增〈泰誓〉爲二十九篇，未嘗以二十九篇去〈泰誓〉爲二十八篇也。〔註28〕

二、毛氏《冤詞》云：「薛士龍作《書古文訓》，其〈序〉引子夏學書於孔子，有云：『〈帝典〉可以觀美；〈大禹謨〉、〈禹貢〉可以觀事；〈皋陶謨〉、〈益稷〉可以觀政；〈洪範〉可以觀度……。』（共有「七觀」）斯七者，書之大義舉矣。則古原以〈大禹〉、〈皋〉、〈益〉三謨俱作〈夏書〉，而以〈禹貢〉敘〈禹謨〉之後，〈皋陶〉又敘之〈禹貢〉之後，篇第秩然。」皮氏平議則曰：「薛氏引《孔叢子》，非引《大傳》。《孔叢子》言〈大禹謨〉、〈益稷〉乃僞古文，漢世今文及馬、鄭古文，皆無〈大禹謨〉，而〈益稷〉統於〈皋陶〉中。《孔叢子》與《僞古文孔傳》……竊《伏傳》之文而摻入〈大禹謨〉、〈益稷〉，以互相證明。檢討不知古文孔《傳》之僞，故不知薛氏所引《孔叢子》之僞。」〔註29〕

三、毛氏《冤詞》云：「孔安國獻《書》，武帝命安國作《傳》。」皮氏平議則曰：「武帝無命安國作《傳》之事，《史記》、《漢書》皆不載，僅見於《孔子〔註30〕家語・後序》及《僞孔書・大序》，……當從荀悅《漢紀》作：安國家獻之。」〔註31〕

四、毛氏《冤詞》曰：「《隋書・經籍志》云：『後漢扶風杜林，傳《古文

〔註28〕見皮錫瑞著：《古文尚書冤詞平議》，頁497。

〔註29〕見皮錫瑞著：《古文尚書冤詞平議》，頁499～500。

〔註30〕原文作：「衍」，疑誤，當作「子」，今據《孔子家語・後序》正之。

〔註31〕見皮錫瑞著：《古文尚書冤詞平議》，頁500。

尚書》，同郡賈逵、馬融、鄭玄爲之作傳註』，然其所傳唯二十九篇，又雜以今文，非孔舊本，自餘絕無師說，晉世祕府所存有《古文尚書》經文，今無有傳者。……至東晉豫章內史梅賾始得安國之《傳》奏之。……於是始列國學，……是古文經文，祕府舊有，梅氏所上，只是孔《傳》。」皮氏平議云：「夫以當時廷議立學官，作正義，史臣安能灼知其僞？即知其僞，安敢昌言直斥其非？《隋志》所云，雖歷歷可徵，要皆傳僞古文者臆造不經之說也。其不得執單詞所斷斯獄明矣。僞孔經傳，一手所作，僞則俱僞。」〔註 32〕蓋毛氏《冤詞》之主要證據爲《隋書・經籍志》，殊不知《隋志》爲唐人所修，修志之時，《古文尚書》已立於學官。

皮氏此書雖云持平兩家之說，實意欲藉此以自抒其今文學之立場。如皮氏雖不信《古文尚書》之說，亦不全然以閻若璩所言爲是，蓋「以閻徵君之精核，攻古文猶用宋儒之說」，〔註 33〕故其誤十三；〔註 34〕至若毛奇齡之袒護《古文尚書》，皮氏雖謂「其弊則在專信僞孔，並《伏傳》、《史記》亦加訾議」，然推許其書「佳處在不用宋儒新說，如武王封康叔、周公留後之類」。既言「兩家之書，互有得失，當分別觀之」，則申其立場云：

> 《尚書》一經，自東漢古文汩之於前，東晉古文假之於後，宋以來又各創異說，迄今紛紛，莫衷一是。或據宋儒之說，以駁東晉古文；或據東晉古文，以駁宋儒之說；或據東漢古文，以駁東晉古文及宋儒說。未有能守西漢今文學，以決是非、正得失者。〔註 35〕

此種「一以西漢今文爲據」的判準，爲皮氏一貫之今文經學立場，本書之作，亦復如是。

〔註 32〕見皮錫瑞著：《古文尚書冤詞平議》，頁 501～502。
〔註 33〕見皮錫瑞著：《古文尚書冤詞平議》，頁 501～502。
〔註 34〕皮氏於《經學通論》中指陳，閻氏據宋人以斥《孔傳》之處有十三，見該書頁 83～84。
〔註 35〕見皮錫瑞著：《古文尚書冤詞平議》，頁 495。

第四章　皮錫瑞《今文尚書》之研究（上）

皮氏《今文尚書考證》一書，既是清末民初《今文尚書》學的總結性著作，且多爲學者所推崇，則皮氏對於《今文尚書》之論述，勢必有其不可磨滅之價値。本章以下，即嘗試以分析、歸納之方法，對皮氏《今文尚書》學的見解、論述，加以整理，以呈現皮氏《今文尚書》學之學術門徑與整理舊說之成就。

第一節　《今文尚書》考證的基本原則

皮錫瑞既主張「治經必宗漢學」，「惟前漢今文學能兼義理、訓詁之長」，「傳於今者，惟伏生《尚書大傳》」〔註1〕又云：「《伏傳》以後，以《史記》爲最早，《史記》引《書》多同今文」，「《伏傳》、《史記》之後，惟《白虎通》多引今文，《兩漢書》及漢碑引《書》，亦皆漢時通行之本。」〔註2〕當可據信，「《尚書》本出伏生，不當求《書》義於伏生所傳之外，倪寬受學於歐陽生，又受學於孔安國，歐陽大小夏侯之學皆出於寬，是安國古文之傳，已併入歐陽夏侯，更不當求《書》義於歐陽夏侯之外」，〔註3〕而且孔安國本身就是今文博士（在當時也只能是今文博士），必以今文師說教授。故今所據者，爲西漢今文經學可信，而往上溯源，亦惟伏生一脈可循，依此脈絡，尋求佐證，「伏生二十九篇之古義雖不能備，而《尚書》之大旨，可以瞭然於心，而不爲異

〔註1〕見皮氏：《經學歷史》，頁85。
〔註2〕見皮氏：《經學通論．書經》，頁57、59。
〔註3〕見皮氏：《經學通論．書經》，頁60。

說所惑矣」。〔註4〕

因此，綜觀皮氏《今文尚書考證》對於《今文尚書》學的引據論證，莫不准此而發，其原則約可歸納爲數點，敘述於下：

一、據《伏傳》、《史記》之語以明《今文尚書》說

皮氏以爲：「伏生所傳今文不僞，治《尚書》者不可背伏生《大傳》最初之義」〔註5〕因此，欲求今文之大義，捨《伏傳》而莫由。而爲了使《尚書大傳》所傳之今文古義更爲完備，以作爲《今文尚書考證》的論據，皮氏乃以陳喬樅（樸園）的《今文尚書經說考》爲底本，拾遺訂墜，釐析今古，完成《尚書大傳疏證》一書。而在《尚書大傳疏證》完成之後，進一步對於《今文尚書》詳加考證，以成《今文尚書考證》一書，此書論證之最基本原則：如《大傳》有說者，或釋經、或明大義，必援《大傳》之文以爲據。其次，則以《史記》之文與伏生《大傳》並舉，反覆論證，以明今文大義。如《尚書・堯典》：「納於大麓，烈風雷雨弗迷。」皮氏《今文尚書考證》（以下簡稱《考證》）云：

> 《史記・堯本紀》曰：「堯使舜入山林川澤，暴風雷雨，舜行不迷。」《舜本紀》曰：「舜入於大麓，烈風雷雨不迷。」《大傳》曰：「故堯推尊舜而尚之，屬諸侯焉。納之於大麓之野，烈風雷雨不迷，乃致以昭華之玉。」鄭（玄）注云：「山足曰麓。麓者，錄也。古者天子命大事、命諸侯，則爲壇國之外。堯聚諸侯，命舜陟位居攝，致天下之事，使大錄之。」錫瑞謹案：據伏生、史公之義，則今文說以大麓爲山麓，伏生不以麓爲錄也。知伏生不以麓爲錄者，《大傳》曰：「致天下於大麓之野。」又曰：「禹乃興〈九招〉之樂於大麓之野。」是伏生以麓爲山麓，與《史記》同，若以麓爲錄，何必加「之野」二字耶？古義多假借，麓或取義於錄，然不得竟以麓爲錄。若云「致天下於大錄之野」、「興〈九招〉之樂於大錄之野」，文義豈可通乎？〔註6〕

〔註4〕 同前注。

〔註5〕 見皮氏：《經學通論・書經》，頁55。

〔註6〕 見皮錫瑞著，盛冬鈴、陳抗點校：《今文尚書考證》（北京：中華書局，1989年12月出版，1998年12月北京第二次印刷），頁41～42。以下引用皆直言皮氏《考證》。

可知皮氏於《考證》一書，必首列伏生與史公之文以爲據。

再者，皮氏於《大傳》與《史記》之文，如兩者字面之間論述稍有差異，亦爲之調合說解，並以《尚書大傳》文爲首要原則，次及《史記》；《史記》內部如有參差，一以《尚書大傳》爲準。如《尚書・召誥》篇題下曰：

> 《大傳》曰：「五年營成周，六年制禮作樂，七年致政成王。」《史記・周本紀》曰：「周公行政七年，成王長，周公反政成王，北面就群臣之位。成王在豐，使召公復營洛邑，如武王之意。周公復卜申視，卒營築，居九鼎焉。曰：『此天下之中，四方入貢道里均。』《魯世家》曰：「成王七年二月乙未，王朝步自周，至豐，使太保召公先之雒相土。其三月，周公往營成周雒邑，卜居焉曰吉，遂國之。」（下略）
>
> 錫瑞謹案……以經考之，當以《史記》與劉歆之說爲合，然《大傳》之說亦不誤。《大傳》云：「四年建侯衛，五年營成周。」封康叔在四年，而〈康誥〉篇首已云「周公初基，作新大邑于東國雒」者，蓋三監既平，遷邶、鄘之民於洛邑，以殷餘民封康叔於衛，皆一時之事。故建侯衛、營成周，於四五年連言之。……公於四五年定其謀，七年乃成其事而作〈召誥〉、〈洛誥〉。營洛大事，非一時所能辦。《大傳》言其始，《史記》要其終，兩說可互相明，本無違異。〔註7〕

此處〈世家〉與〈本紀〉所述稍有差異時，皮氏則據《大傳》之文，爲判定二說孰正之標準，皮氏云：

> 《史記・本紀》以爲復政乃營洛，〈世家〉以爲營洛乃復政，據《大傳》，營成周在致政之前，當以〈世家〉之說爲正。蓋洛邑未成，制作未定，公必不遽復政也。〔註8〕

二、據《白虎通》、《兩漢書》所引經說及漢碑所引之經以明今文經說

皮氏云：「西京舊說，既萃龍門，東漢逸文，亦叢虎觀。《白虎通》多載今文家說。」〔註9〕又云：「《白虎通》爲今文各經之總匯，具唐虞三代之遺文，

〔註7〕皮氏《考證》，頁333～334。
〔註8〕同前注，頁334。
〔註9〕見皮氏《今文尚書考證・凡例》，頁2。

碎璧零珪，均稱瓌寶。雖不專爲《尚書》舉證，而《尚書》之故實典禮，要皆信而有徵，治《今文尚書》者，於《伏傳》、《史記》外，當以此書爲最。」〔註 10〕基本上，皮氏是主張《白虎通》所載「多」今文家說，而於今文說法有所不同時，則並列異聞，或加以自己的案斷，如《尚書・堯典》：「以親九族，九族既睦。」皮氏《考證》云：

> 《白虎通・宗族篇》云：「《尚書》曰：『以親九族。』……父族四，母族三，妻族二，四者，謂父之姓爲一族也，父女、昆弟適人有子爲二族也，身女、昆弟適人有子爲三族也，身女子適人有子爲四族也。母族三者，母之父母爲一族也，母之昆弟爲二族也，母之女昆弟爲三族也。……妻族二者，妻之父爲一族，妻之母爲二族。
>
> 《白虎通》又云：「一說合言九族者，欲明堯時具三也。禮所以獨父族四何？欲言周承二弊之後，民人皆厚於末，故與禮母族妻之黨，廢禮母族父之族，是以貶妻族以附父族也。或言九者據有交接之恩也，若『邢侯之姨，譚公惟私』也。言四者具有服耳，不相害所異也。」〔註 11〕

對於前說，皮氏云：「《白虎通》言九族，與《異議》引歐陽說同，惟歐陽以母之父母各爲一族，班以母之父母合爲一族，略異。然母之昆弟即母之父族，不得別爲一族，班引夏侯義，似不如歐陽塙也。」〔註 12〕對於後者，皮氏則云：「則此一說意謂堯時父、母、妻皆三族，合爲九。周時則父族四，母族三，妻族二也。此今文家異說。」〔註 13〕然而《白虎通》並非全爲今文家說，〔註 14〕皮氏對所引《白虎通》爲古文者，如有可資引證，則爲之說解，彌縫今古文之差距，其意仍在歸於今文之義；如無可說，或無關大義者，則在文字上不做任何說解，徑引其文。以下舉二例述之：

其一，《尚書・堯典》云：「平章百姓，百姓昭明。」皮氏《考證》引《白虎通・姓名篇》曰：「人之所以有姓者何？所以崇恩愛，厚親親，遠禽獸，別

〔註 10〕見皮氏《尚書通論・書經》，頁 60。

〔註 11〕見皮氏《考證》，頁 11。

〔註 12〕同前注。皮氏於前引許愼《五經異議》引《尚書》歐陽說，後引《白虎通》，遂有此言。

〔註 13〕見皮氏《考證》，頁 11。

〔註 14〕其論證參見邱秀春撰：《《白虎通義》與東漢經學的發展》（台北：輔仁大學中文研究所博士論文，民國 89 年 6 月），第四章。

婚姻也。……《尚書》曰：『平章百姓。』姓所以有百何？以爲古者聖人吹律定姓，以紀其族。……」並云：「據《白虎通》之說，平章百姓蓋辨別章明之，即吹律定姓之事。《白虎通》用今文而亦作『平』者，平、便一聲之轉，三家異文或同古文作『平』。崔駰《章帝謚議》曰：『《唐書》數堯之德，曰「平章百姓」。』曹植〈求通親親表〉引『平章百姓』，蔡邕《封事》云『平章賞罰』，亦引此經也。」〔註15〕又云：「〈鴻範〉『王道平平』，《史記・張釋之馮唐列傳》引作『王道便便』，平、便一聲之轉，史公所據今文《尚書》必作『便』字，非訓平爲便，以訓古代經也。」〔註16〕此蓋皮氏知《白虎通》引《古文尚書》文字而爲之說解也。〔註17〕

其二，《尚書・皋陶謨》云：「戛擊鳴球，搏拊琴瑟以詠，祖考來格。」依金德建先生考證：作「擊」字爲古文，作「隔」字爲今文；以「格」字爲古文，「徦」字爲今文。〔註18〕而皮氏《考證》僅引《白虎通・禮樂篇》之說義云：「降神之樂在上何？爲鬼神舉也。故《書》曰：『戛擊鳴球，搏拊琴瑟以詠，祖考來格。』所以用鳴球、搏拊者何？鬼神清虛，貴淨賤鏗鏘也。」而對《白虎通》所引《尚書》文字爲古文，僅云：「蓋三家今文有同於古文者。」未多加論述。〔註19〕

三、取馬、鄭、僞孔之善者錄之，不善者引而駁之

皮氏云：「解經當實事求是，不當黨同妒眞。康成博通，多參《異議》，子雍僞謬，間襲今文。蓋鄭受恭祖之傳，每觴源於衛、賈，王承父朗之學，或毫采於歐陽。是以純不免疵，憎當知善。」〔註20〕因此，皮氏於《考證》一書中，對於馬融、鄭玄、僞孔傳之古文經說，亦多所引用。然其援引之標準，則「一以與今文異同爲斷」，〔註21〕其不合於今文家言者，則引而批評之，

〔註15〕見皮氏《考證》，頁12。
〔註16〕同前注。
〔註17〕案：金德建先生：《經今古文字考・《白虎通》引《古文本尚書》考》（濟南市：齊魯書社，1986年出版）一文，即引證18條證據論述《白虎通》所引《尚書》文字，大部分是《古文尚書》，少部分爲今文，此處所引〈堯典〉文句，金氏即以爲出自《古文尚書》。見金氏書，頁149、265～273。
〔註18〕金德建先生：《經今古文字考・《白虎通》引《古文本尚書》考》，頁267、144。
〔註19〕見皮氏《考證》，頁125。
〔註20〕見皮氏《考證》，頁6。
〔註21〕皮氏云：「予之去取，一以與今文異同爲斷。」（同前注）。

其例：

（一）《尚書・堯典》云：「乃命羲、和，欽若昊天，曆象日月星辰，敬授人時。分命羲仲，宅嵎夷，曰暘谷。」皮氏於「羲和四子」究爲何指？歷舉漢朝諸多著作之說法，認爲兩漢諸儒皆以四子即是羲、和，專掌天文，不治民事，皆無異議，〔註22〕惟馬、鄭之說，以羲、和與四子爲天地四時之官，四子即是四岳，與諸儒之說大異。鄭注云：「仲、叔亦羲、和之子。堯既分陰陽爲四時，命羲仲、和仲、羲叔、和叔等爲之官，又主方岳之事，是爲四岳。」〔註23〕又云：「官名。蓋春爲秩宗，夏爲司馬，秋爲士，冬爲共工，通稷與司徒，是六官之名見。」皮氏則云：「虞有九官，見於《尚書》，並無六官之名，九官中亦無司馬，……據伏生《大傳》，古有三公九卿，無六卿，虞時九官當即九卿。《大傳》曰：『舜攝時，三公九卿百執事，此堯之官也，故使百官事舜。』」又云：「鄭創爲是說者，蓋以重黎司天地，似近天官地官。四子分主四時，近春夏秋冬之官。不知唐虞官制與周官不同，非可強合爲一。羲、和司天之官，不得兼治方岳之事。」〔註24〕「以羲、和爲兼治民事，其謬不待辨矣。」〔註25〕此論鄭氏之言不合於今文所言之制度，故引而駁之。

（二）《尚書・大誥》「王若曰」下皮氏《考證》曰：

> 《漢書・翟方進傳》：王莽依《周書》作《大誥》曰：「惟居攝二年十月甲子，攝皇帝若曰。」錫瑞謹案：王莽《大誥》皆用《今文尚書》說也。《大傳》曰：「周公身居位，聽天下爲政。管叔疑周公。」居位即居攝也。……鄭《注》云：「王，謂攝也。周公居攝，命大事則權代王也。」鄭言居攝之年，與《史記》、《大傳》先後皆異，而以王爲周公攝王，則與今文義同。……周公攝王，見於《逸周書・明堂解》、《禮記・明堂位》、荀卿子書，兩漢今古文家皆無異議。

蓋皮氏以鄭《注》所云與今文義同，故引而錄之，其差異之處亦予以指出。

〔註22〕皮氏例舉《史記・天官書、曆書》、《漢書成帝紀、百官公卿表、食貨志、魏相傳、律曆志、藝文志》、《論衡・是應篇》、《法言・重黎篇》、《中論・曆數篇》、《續漢書・天文志、律曆志》、《三國・魏志》、《楚辭・離騷、天問》、《廣雅・釋天》、《山海經》、《淮南子》、《潛夫論・愛日篇》、揚雄〈河東賦〉、李尤〈漏刻銘〉等文以證之，詳見皮氏《考證》頁14～16。

〔註23〕見《尚書鄭注》，（漢）鄭玄注；（宋）王應麟輯；（清）孔廣林增訂，台北：商務印書館，民國54年。

〔註24〕見皮氏《考證》，頁15。

〔註25〕同前注，頁16。

四、漢朝以後之解《尚書》者，擇善以引之

漢朝以後之解《尚書》者，以唐朝孔穎達之《尚書正義》與宋朝蔡沈之《書集傳》爲最，而兩者所據之《尚書》，即梅賾所獻之《古文尚書孔傳》。前者，爲隋唐義疏之學的代表，自唐至宋，一直作爲單書單獨傳播；而後者，則爲宋學在《尚書》集大成之作，也是官方科舉的定本。二者於《尚書》義，雖各有所據，蔽所不見，然其說有得有失，亦有足可據信者。皮氏於此，皆「擇善引之」。如《尚書・堯典》：「流共工於幽州，放驩兜於崇山，竄三苗於三危，殛鯀於羽山，四罪而天下咸服。」《尚書正義》云：「此四罪者，徵用之初即流之。……《洪範》云：『鯀則殛死，禹乃嗣興』，僖三十三年《左傳》云：『舜之罪也，殛鯀；其舉也，興禹。』襄二十一年《左傳》云：『鯀殛而禹興。』此三者皆言殛鯀，而後用禹爲治水，是徵用時事，四罪在治水之前，明是徵用所行也。……而鄭玄以爲禹治水事畢，乃流四凶，故王肅難鄭言，若待禹治水功成而後以鯀爲無功殛之，是爲舜用人子之功而流放其父，則禹之勤勞適足使父致殛，爲舜失五典克從之義，禹陷三千莫大之罪，進退無據，亦甚迂哉。」〔註 26〕孔穎達此論點據《僞孔傳》而來，皮氏亦頗認同之，故皮氏引焦循之語云「此傳之善」。〔註 27〕

至於蔡沈《書集傳》之善者，皮氏以爲：《僞孔傳》不通處，蔡《傳》易之，甚有精當者，江艮庭《集注》多與之同。〔註 28〕如：《尚書・大誥》：「若兄考，乃有友罰厥子，民養其勸弗救。」《僞孔傳》云：「若兄弟父子之家，乃有朋友來伐其子，民養其勸不救者，以子惡。」孔穎達《疏》云：「若凡人兄及父與子弟爲家長者，乃有朋友來伐其子，則民皆養其勸伐之心，不救之。何則？以子惡故也。以喻伐四國，雖親如父兄，亦無救之者，以君惡故也。」蔡沈《書集傳》於此則云：

> 蘇氏曰：「養，廝養也。謂人之臣樸。大意言若父兄有友攻伐其子，爲之臣僕者，其可勸其攻伐而不救乎？父兄以喻武王，友以喻四國，子以喻百姓，民養以喻邦君御事。今王之四國，毒害百姓，而邦君臣僕乃憚於征役，是長其患而不救，其可哉？此言民被四國之害，

〔註 26〕見《尚書・堯典正義》，清・阮元刻《十三經注疏》（據清嘉慶二十年南昌府學堂重刊宋本影印，台北：藍燈文化事業公司出版），頁 42。

〔註 27〕見皮氏《經學通論・書經》，頁 84。

〔註 28〕同前注，頁 86。

不可不救援之意。」〔註29〕

江聲亦同《書集傳》之說曰：「若父兄有友與共伐其子，長民者，其相勸止不救乎？明邦君御事，當相救助也，故下文以肆哉勉之。」〔註30〕此皆皮氏以爲精當而同之者，其下尚有〈召誥〉：王敬，作所不可不敬之德；〈君奭〉：襄我二人；〈多方〉：我惟時其戰要囚之；〈康王之誥〉：惟新陟王；〈秦誓〉：昧昧我思之等例。〔註31〕

五、辨清朝今文學者說《尚書》之誤者

清代《尚書》學的主要成就，一爲對僞古文《尚書》的考辨研究，一爲對今文《尚書》的研究整理。作爲晚清今文經學之一員的皮氏，對於前賢的研究成果自然有所承繼與批評，尤以今文經學爲甚。無論是常州莊氏、或是其後之孔廣森、劉逢祿、龔自珍、魏源或是孫星衍、陳壽祺父子等，皆爲皮氏研究之張本，「取其精當，辨其舛譌。不使今文亂眞，非與前人立異」，〔註32〕今舉其例一、二以明之：

《尚書・多方》云：「亦則以穆穆在乃位，克閱于乃邑，謀介爾乃自時洛邑。」陳喬樅於《今文尚書經說考》說：「又案：《尚書大傳》周公攝政五年營成周，此誥〈多方〉在攝政三年，而云『自時雒邑』者，蓋成周之營本爲安集所遷之殷民，〈多方〉作於克殷踐奄以後，此時將遷殷民於雒，故先誥之。〈召誥〉云：『厥既命庶殷，庶殷丕作。』是殷民早已先集雒邑，知遷殷在封衛之前，而非在營雒之後也。」〔註33〕皮氏於此，則明指陳氏之誤，稱：

> 《大傳》云：「五年營成周。」如此篇作於攝政三年，成周未營，何故先有雒邑？經云：「自時雒邑。」明是已營成周之後。《史記》與〈書序〉皆以〈多方〉列成王親政後，無誥多方在攝政三年之說。《僞孔傳》以爲奄再叛再征，按之《史記》、〈書序〉碻不可易……

〔註29〕蔡沈：《書集傳》（臺北：臺灣商務印書館，民國64年），卷四。

〔註30〕見江聲撰：《尚書集注音疏》，引自《皇清經解尚書類彙編（一）》（台北：藝文印書館，民國75年6月初版），頁379。

〔註31〕見皮氏《經學通論・書經》，頁86～87。

〔註32〕見皮氏《今文尚書考證・凡例》，頁7。

〔註33〕見《續經解尚書類彙編（二）・今文尚書經說考》（台北：藝文印書館，民國75年6月初版），頁1275。

近人必欲執鄭誤解，移易經文篇次，而以奄再叛再征爲不可信，故其解〈多士〉、〈多方〉兩篇，皆不可通。陳氏治今文，必以鄭君古文說汨之，可謂大惑不解。〔註34〕

《書序》云：「大戊贊於伊陟，作〈伊陟〉、〈原命〉。」陳喬樅於此舉段玉裁與馬融、鄭玄之說曰：「段玉裁曰：『馬融：原，臣名，命原以禹湯之道我所修也。』〈原命〉爲二十四逸篇之一，馬實親見而云然。原命者，原非命伊陟也。《史記》云：『作〈咸艾〉、作〈大戊〉，大戊贊伊陟於廟，言弗臣，伊陟讓，作〈原命〉。』是《史記》脫作伊陟三字，賸作大戊三字，字數適相當，實轉寫之譌，不得緣誤立說，凡〈書序〉有佚其序，僅存其目者，如作伊陟絕句，原命別爲一句，其所以作〈原命〉者，未著也。……鄭注書敘云：『〈伊陟〉亡，〈原〉命逸。』一亡一逸，分析甚明。……馬鄭皆親見孔氏逸書，與〈伊陟篇〉實判爲二。馬所云：『原，臣名，……』此必《尚書》家師說，……且亦安知非今文《書序》中，三家所傳自伏生者具有此說。」〔註35〕

皮氏則舉《史記・殷本紀》、江聲及常州莊述祖之說以駁之，並云：

二說（江、莊）皆從《史記》，是也。馬、鄭古文〈書序〉與《史記》所載今文〈書序〉本不盡合。而如「康王命作策畢」之脱「公」字，「王錫晉文侯」之增「平」字，又經後人增竄，並非馬、鄭之舊，不如《史記》可信。馬、鄭所見逸篇，其眞僞亦未可知。馬以「原」爲臣名，與《史記》所云不合，皆不可信者也。段玉裁以爲《史記》脱「作伊陟」三字，殊未必然。如其說，則《史記》之與古文《書序》異者，將悉以爲脱誤乎？陳喬樅從段駁江，過信馬、鄭之書，不守《史記》今文家說，斯顚倒之見。〔註36〕

於此可知皮氏作爲晚清今文《尚書》學之總成者，其立論自有其一貫之立場，援據亦稱公允。

六、闕　疑

皮氏云：「論《尚書》有不能解者，當闕疑，不必強爲傅會，漢儒疑辭，

〔註34〕見皮氏《考證》頁400。皮氏論「伐奄本非一次，一是周公踐奄，見《大傳》；一是成王踐奄，見《史記》」蓋周公踐奄爲三年，成王踐奄爲五年，詳見《考證》頁360～362。

〔註35〕同注27，頁1394。

〔註36〕見皮氏《考證》頁505～506。

不必引爲確據。」〔註37〕又曰：「漢儒解經，其有明文而能自信者，即用決辭；其無明文而不能自信者，即爲疑辭……其不敢爲決辭，猶見先儒矜愼之意。」〔註38〕故皮氏於《今文尚書考證》之論述，確能做到言必有據，不作武斷臆說，其不知者，蓋闕如也。如：《書序》：「太康失邦，昆弟五人，須于洛汭，作〈五子之歌〉。」歷來對〈五子之歌〉與「五觀」兩者究爲何指，眾說紛紜，或以「『之歌』蓋謂往『觀地』，『觀地』即雒汭……《尚書》不當以詩歌名篇」（段玉裁《古文尚書撰異・書序》），或以「五子」亦曰「五觀」，乃一人之名，非實有五人（《周書・嘗麥解》、《竹書紀年》），又如《漢書・古今人表》、王符《潛夫論》、韋昭《國語注》、酈道元《水經注》諸說皆以「五觀」爲「五子之歌」。〔註39〕皮氏對此則云：

> 諸說皆以「五觀」與「五子之歌」誤合爲一，不知《書序》所云〈五子之歌〉在啓崩後太康失國之際，《史記》所載甚明，而《紀年》所云五觀叛與來歸，皆在夏啓在位之時，不在太康失國之後。明明先後兩事，何得強合爲一？且以「五觀」爲一人，與〈序〉言五人違異；以「五觀」爲五人，必無五人并封一處之理。《路史》云……魏源《書古微》……俞樾《群經平議》……皆由不知〈五觀〉與〈五子之歌〉不得混爲一也。逸篇既亡，《史記》又不詳其事，今古文說皆無可徵，宜從蓋闕。近儒所說，不敢附和。〔註40〕

按，皮氏所言甚是，據《周書・嘗麥解》：「其在啓之五子，忘伯禹之命。」與《離騷》所言：「啓九辯與九歌兮，夏康娛以自縱。不顧難以圖後兮，五子用失乎家巷。」可確信者爲「五子」非一人也。而於今古文說無法確知的情形下，則以闕疑俟考的態度處理。

又如「周公禱疾」一事，據《尚書・金縢》、《史記・周本紀》、《史記・魯周公世家》所載，乃武王疾，周公請以身代武王；而同樣在《史記・魯世家》中及《蒙恬傳》則載成王疾，周公請以身代。

> 《尚書・金縢》：「既克商二年，王有疾，弗瘳。二公曰：『我其爲王穆卜。』周公曰：『未可以戚我先王！』公乃自以爲功，爲三壇同墠。

〔註37〕見皮氏《經學通論・書經》，頁93。
〔註38〕同前注，頁94。
〔註39〕以上論述詳見皮氏《考證》，頁488～490。
〔註40〕同前注，頁490。

> 爲壇於南方，北面周公立焉，植璧秉珪，乃告大王、王季、文王。史乃策祝曰：『維爾元孫某，遘厲虐疾。若爾三王，是有丕子之責於天，以旦代某之身。予仁若考，能多才多藝，能事鬼神，乃元孫不若旦多才多藝，不能事鬼神。……』」
>
> 《史記・周本紀》：「武王病，天下未集，群公懼，穆卜。周公乃祓齋，自爲質，欲代武王，武王有瘳。」
>
> 《史記・魯周公世家》：「武王克殷二年，天下未集。武王有疾，不豫，群臣懼，太公、召公乃繆卜。周公曰：『未可以戚我先王！』周公於是乃自以爲質，設三壇，周公北面立，戴璧秉圭，告于太王、王季、文王。史策祝曰：『維爾元孫王發，勤勞阻疾。若爾三王，是有負子之責於天，以旦代王發之身。……』周公藏其策金縢櫃中，戒守者勿敢言。明日，武王有瘳。」
>
> 《史記・蒙恬傳》：「恬曰：『……及成王有病，甚殆，公旦自揃其爪以沈于河，曰：「王未有識，是旦執事，有罪殃，旦受其不祥。」乃書而藏之記府，可謂信矣！及王能治國，有賊王言：「周公旦欲爲亂久矣；王若不備，必有大事。」王乃大怒，周公旦走而奔於楚。成王觀於記府，得周公旦沈書，乃流涕曰……而反周公旦。』」
>
> 《史記・魯周公世家》：「初成王少時，病，周公乃自揃其蚤沈之河，以祝于神曰：『王少未有識，奸神命者乃旦也。』亦藏其策于府，成王病有瘳。及成王用事，人或譖周公，周公奔楚。成王發府，見周公禱書，乃泣，反周公。」

此兩者究竟何者爲今文家說？何者爲古文家說？並無法確切知道，唯兩者必有一爲今文家說法，故皮氏云：

> 而《史記・魯世家》又載周公爲成王禱疾，其後周公奔楚，成王發府見周公禱書，乃泣反周公。〈蒙恬傳〉亦載其事。《漢書》云：「遷書載〈金縢〉多古文說。」疑即指此而言。……或公之禱疾本有兩事，或即一事傳譌，皆未可知。〔註41〕

近人蔣善國氏亦云：「周公請以身代武王事，當是同一傳說，而演變成不同的

〔註41〕皮氏《考證》頁303。

經說，裡面至少有一說是今文說。」〔註 42〕知皮氏於此並未完全立於今文家的立場而強爲之說，亦可見其矜慎之意。又皮氏於考證時，對於無法逕下論斷之事，其文以「疑……」記之，如《尚書・洛誥》，皮氏於篇題之下曰：「《大傳》見於諸書稱引者皆作〈洛誥〉。《史記》、《漢書》亦作〈洛誥〉，而他處用雒邑字，又作『雒』。疑〈洛誥〉字作『洛』乃後人改之。《石經・多士篇》『洛』字作『雒』。」〔註 43〕其餘之例，亦散見皮氏《今文尚書考證》各篇。

第二節　對《今文尚書》字詞的考證

皮氏於字詞的考證上，主要在於釐清《今文尚書》的遣詞用字與字義語義，並分別三家今文之同與不同之處，蓋用字遣詞之不同，往往會影響文義語義說解之不同，此「以小處見大處」者，不僅影響今古文說之不同，亦是三家今文差異之所在，故皮氏於此，往往多詳細分別之，以辨章《今文尚書》之學術，考鏡《今文尚書》說之源流。

一、明《今文尚書》之用字

皮錫瑞云：「是書體例，本仿樸園，博訪通人，改從薇省。（自注云：先用陳樸園《今文尚書經說考》之例，經字一切改從今文。後依王逸梧先生更定，仍仿孫淵如《尚書今古文注疏》體例，正文用通行本，小字分注今文。）良以史公所載，完篇不過十餘，博士之傳，列宿難尋二八。若必勇更習本，臆造經文，則天吳紫鳳，未免顚倒，〈清廟〉、〈生民〉，將遭塗改。自我作古，恐爲西河所訶；獨抱遺經，詎眞東漢之舊？仍用通行之字，庶無杜撰之譏。凡有古義可憑，但云今文作某。」〔註 44〕

皮氏《今文尚書考證》一書（以下簡稱《考證》）以清朝通行之《尚書》爲底本，遇有今文用字之不同者，則於其下注云：今文作某、今文當作某，並舉證明之。如遇今文之用字有二種以上者，則注以：今文一作某、今文亦作某、一作某，並舉證明之。而其後並輔以今文用此「字」之意涵。如：《尚書・堯典》：「欽明文思安安。」皮氏則於其下云：「今文作『欽明文塞晏晏』。」並列舉《後

〔註 42〕見蔣善國撰：《尚書綜述》（上海：上海古籍出版社，1988 年），頁 455。
〔註 43〕見皮氏《考證》，頁 343。
〔註 44〕見皮氏《考證・凡例》，頁 8。

漢書・和熹鄧后紀》、《第五倫傳》、《陳寵傳》、《馮衍傳・顯志賦》、崔瑗《司隸校尉箴》、《論衡・恢國篇》、蔡邕《司空袁逢碑》、《衛尉卿衡方碑》、《唐扶頌》、《受禪碑》等〔註45〕文以證明今文說之用字，舉證可謂詳實豐富，確能做到「言而有據」。最後，並輔以說明曰：「皆漢人引今文義也。」〔註46〕而今文義爲何？皮氏則舉鄭玄注《尚書考靈耀》的話說：「道德純備謂之塞，寬容覆載謂之晏。」〔註47〕說明了今文尚書之所以使用「塞」、「晏」二字的道理。

其後，因今文之用字有些許差異，故皮氏於下云：「一作『欽明文思晏晏』，……一作『聰明文塞晏晏』……。」〔註48〕然因與大義無關，故皮氏僅列舉用字不同之原因：前者，皮氏舉《後漢書・馮衍傳》李賢注引《尚書・考靈耀》曰：「放勛欽明文思晏晏。」《論衡・須頌篇》曰：「問說《書》者，『欽明文思』以下，誰所言也？曰：篇家也。篇家誰也？孔子也。」並云：「是今文亦作『文思』，或三家本異，不盡由後人改之。仲任以『欽明文思』以下爲孔子所言，蓋指〈書序〉言之。漢人以〈書序〉爲孔子作。今〈書序〉作『聰明文思』，而仲任云『欽明文思』者，或今文〈書序〉與古文〈書序〉之字不同也。」。〔註49〕後者，皮氏舉《後漢書・陳寵傳》注引《尚書考靈耀》曰：「堯聰明文塞晏晏。」〈書序〉：「昔在帝堯，聰明文思。」並云：「《考靈耀》與〈書序〉合。」「則今文《尚書》『欽明』或作『聰明』。」「《建武泰山刻石文》曰：『昔在帝堯，聰明密微。』亦是引用今文義。」〔註50〕

又皮氏於解釋今文之字義時，有用「引經釋義」之例，如：〈多士篇〉：「我聞曰：『上帝引逸。』」皮氏於文下引《論衡・自然篇》曰：「天地無爲。至德純渥之人，稟天氣多，故能則天，自然無爲。周公曰：『上帝引佚。』上帝謂舜、禹也。舜、禹承安繼治，任賢使能，恭己無爲而天下治。」又引〈語增篇〉曰：「經曰：『上帝引佚。』謂虞舜也。」然而，上帝似亦有作「天」解者，皮氏引江聲的話說：「上帝，天也。引佚，謂引進遺佚之賢，言天欲人君任賢也。此周公述所聞之語也。……」最後，皮氏則下一案語說：「仲任以上帝爲古帝，引佚爲任賢使能，蓋今文家說。據此，則今文說於經文帝字不必

〔註45〕所引文字詳見皮氏《考證》，頁7。
〔註46〕見皮氏《考證》，頁7。
〔註47〕見皮氏《考證》，頁7。
〔註48〕見皮氏《考證》，頁7。
〔註49〕見皮氏《考證》，頁7。
〔註50〕見皮氏《考證》，頁7。

皆詁爲天。」並引〈多士〉篇之經文爲證，以爲「帝」當與「天」有別，或「帝」當作「古帝」解，皮氏云：「上云『惟天不畀』、『惟帝不畀』，兩文並列，帝與天當有別，或帝當爲古帝也。」〔註 51〕案：〈多士〉原文爲：「肆爾多士，非我小國敢弋殷命，惟天不畀，允罔固亂，弼我。我其敢求位？惟帝不畀，惟我下民秉爲，惟天明畏。」此皮氏引經文本身以論今文家有以上帝爲古帝之義。

二、明《今文尚書》之詞義

既以明《今文尚書》之用字，准此而上，凡《今文尚書》中之詞義究爲何指？則是皮氏進一步所必須釐清的，蓋《今文尚書》之詞義意涵每與《古文尚書》所言不同，即便今文之字、詞與古文相同，亦或今文有譌俗者，或可依古本改之，然其意義之說解，仍須以今文爲主。皮氏云：「字體或依古本，訓辭仍襲今文。」自注云：「今文有譌俗，不妨以古文參考。然古文無說解，劉歆、衛、賈皆不足據，說解應仍用三家今文，兼采所長，乃爲盡善。」〔註 52〕如《尚書・堯典》經文有「平章百姓」、「平秩東作」、「平秩西成」、「平秩南爲」、「平在朔易」等詞，皮氏依兩漢著作加以考尋，「平」字多作「便」、「辯」、「辨」，惟《白虎通・姓名篇》：「《尚書》曰：『平章百姓』。」崔駰《章帝諡議》曰：「《唐書》數堯之德曰『平章百姓』。」曹植《求通親親表》引「平章百姓」，蔡邕封事云「平章賞罰」等，所引之字或作「平」，故皮氏以爲：「《白虎通》用今文而亦作『平』者，平、便一聲之轉，三家異文或同古文作『平』。」〔註 53〕

而對於詞義之解釋，皮氏則堅持採今文家之說，如「平章百姓」一詞，皮氏云：「《白虎通・姓名篇》云：『人所以有姓者何？所以崇恩愛，厚親親，遠禽獸，別婚姻也。故禮別類，使生相愛，死相哀，同姓不得相娶，皆爲重人倫也。姓，生也。人所稟天氣，所以生者也。《尚書》曰：『平章百姓。』姓所以有百何？以爲古者聖人吹律定姓，以紀其族。人含五常而生，正聲有五，宮商角徵羽，轉而相雜，五五二十五。轉生四時異氣，殊音悉備，故姓有百也。』據《白虎通》之說，平章百姓蓋辨別章明之，即吹律定姓之事。……《後漢書・劉愷傳》曰：『職在辯章百姓。』注引《尚書》曰：『九族既睦，

〔註 51〕以上所引見皮氏《考證》，頁 357。
〔註 52〕見皮氏《考證》，頁 5。
〔註 53〕以上所引見皮氏《考證》，頁 12、20、22、24、25、345。

辯章百姓。』鄭玄注云：『辯，別也。章，明也。』鄭亦用今文義。」〔註54〕可見皮錫瑞對於詞義之解釋，乃本著「訓辭仍襲今文」之論證原則。

又皮氏論「百揆」一詞之義，舊說或解爲「相」，爲官名，皮氏以爲：「撰僞古文者，誤以百揆爲官名，乃造〈周官篇〉云：『內有百揆四岳。』沿其誤者，遂以百揆爲相，又以四岳共爲一人，皆由《僞孔》亂經，致違古義。……譙周《古史考》曰：『說者以百揆堯初別置，於周更名冢宰。』與《僞孔》同誤。」〔註55〕「鄭君（玄）云：『至禹登百揆之任，捨司空之職爲共工與虞。』此鄭別創異說，即《僞孔》所本。或云禹由冬官進居天官，皆非古義，今文家無此說者。」〔註56〕然則今文義應如何解方爲允當？皮氏仍回歸到「以漢解漢」的考證論述。而爲了論證明確，皮氏則多方引用兩漢之著作加以證明：

> 《史記・堯本紀》：「乃使舜慎和五典，五典能從。乃徧入百官，百官時序。」
>
> 《史記・舜本紀》：「乃試舜五典百官，皆治。」
>
> 蔡邕《太尉楊公碑》曰：「遷少府光祿勳，敬揆百事，莫不時序。」
>
> 《太傅祠前銘》曰：「越尹三卿，百揆時序。」
>
> 彌衡《顏子碑》曰：「百揆時序。」〔註57〕

皮氏云：「少府光祿勳、三卿皆非相位，伯喈引此經以美之者，蓋不以百揆爲相名。又以百揆爲敬揆百事，蓋並不以百揆爲官名。史公以百揆爲百官，此今文家不以百揆爲官名之證。」〔註58〕此皮氏以爲「百揆」一詞非爲「相」名，當如司馬遷作「百官」解爲是。皮氏進一步舉《左氏傳》、《淮南・泰族》、《論衡・恢國篇》論證曰：

> 《左氏傳》曰：「以揆百事，莫不時序。」是百揆爲百官揆事之處，本非官號。史公以爲徧入百官，謂使舜入百官揆事之處，則舜命禹使度百揆，亦謂使居百官揆事之處耳。入百揆在徽五典、賓四門之間，五典、四門非官名，則百揆亦非官名可知。《淮南・泰族訓》曰：「堯乃妻以二女，以觀其內；任以百官，以觀其外。既入大麓，烈

〔註54〕見皮氏《考證》，頁12。
〔註55〕見皮氏《考證》，頁40。
〔註56〕見皮氏《考證》，頁74。
〔註57〕見皮氏《考證》，頁40。
〔註58〕見皮氏《考證》，頁40。

> 風雷雨而不迷，乃屬以九子，贈以昭華之玉。」《淮南》言大麓，本之《大傳》。任以百官，則與史公義合，即入於百揆之事也。……《論衡・恢國篇》曰：「舜以司徒，因堯受禪；禹以司空，緣功代舜。」仲任舉司徒、司空而不及百揆，是今文家說以司徒、司空爲官名，不以百揆爲官名。「愼徽五典」，鄭（玄）注曰「五典，五教也。蓋試以司徒之職」是也。若百揆爲官名，仲任何爲舉司徒、司空，不舉百揆乎？〔註59〕

此三例之說明，更加使皮氏確定了百揆爲百官而非官名之稱。皮氏論官制時，皆反覆用今文家之說法，認爲古天子三公、九卿，不云三公之外，復有一百揆之官，皮氏云：「《大傳》與《五經異議》所引今《尚書》夏侯、歐陽說皆曰天子三公，一曰司徒公，二曰司馬公，三曰司空公，是古天子止有三公，不得於三公之上更立一百揆之官也。」〔註60〕

此皮氏以兩漢等著作爲例，以明今文家解《尚書》之詞義。對於今文詞義之說解，皮氏之論證原則乃以「兩漢經說」爲主（如第一節所述），故如後來之學者論說有不妥之處，必加以引證並闡明之，以其符合「一以今文爲本」之原則。蓋今古文之家法切忌混淆，乃皮氏一貫所堅持的學術理念。

三、明三家今文之異文異說

皮氏既已明今古文之異，尋得今文說之所由，然「三家派分」「經有異本」，「文字多寡」說解所陳，則或同或異，不免參差。其說解不同者，則詳列說法，據以判其優劣；未可驟下判斷者，則「兩義併陳」；所據文、辭若於大義無妨者，則「各依其本書，不敢強之使一。」〔註61〕要皆使今文尚書之學術脈絡不致混淆。

如《尚書・堯典》：「光被四表」，皮氏云：「今文亦作『光被四表』。」〔註62〕其下舉《漢書宣帝紀》、《蕭望之傳》載黃霸、于定國等議、荀爽《易》注、《樂緯》注、黃瓊《言宦官縱恣疏》、胡廣《邊都尉箴》、班固《典引》與蔡邕《注》、蔡邕《釋誨》、高誘《淮南注》、《中論・法象篇》、《史晨祀孔

〔註59〕見皮氏《考證》，頁40。
〔註60〕見皮氏《考證》，頁74～75。
〔註61〕見皮氏《考證》，頁7～8。
〔註62〕見皮氏《考證》，頁8。

廟碑》、《魏公卿上尊號奏碑》、王粲《無射鐘銘》、曹植《求通親親表》、《吳封禪國山碑》等加以證明今文亦作「光被四表」。其下又云：「一作『橫被四表』。……亦沿用今文義。一作『廣被四表』……蓋光、廣古通用，光、橫古同聲，亦通用。漢人引用，或作『橫』，或作『廣』，或作『光』，皆歐陽、夏侯三家今文異字，然字異而義同，光被即廣被，亦即橫被，皆是充塞之義。」〔註63〕此皮氏以爲三家今文之用字於大義無妨者，雖字作「光」、「廣」、「橫」，然其義皆可通。皮氏並進一步引陳喬樅之說法，分別出孰爲歐陽、孰爲大小夏侯之用字。皮氏云：

> 陳喬樅據《後漢書·桓焉傳》云焉傳歐陽《尚書》，永初元年入授安帝；《鄧宏傳》云宏少治歐陽《尚書》，授帝禁中；以安帝詔引「橫被」爲歐陽今文。又據《黃霸傳》從夏侯勝學《尚書》，以霸議引「光被」爲大、小夏侯異文。其證甚塙。〔註64〕

可知皮氏以「橫被」爲歐陽今文，而以「光被」爲大、小夏侯異文。

又解〈堯典〉：「寅賓出日。」一詞，皮氏首舉《大傳》之詞曰：「古者……而以正月朝迎日於東郊，以爲萬物先而尊事天也。……迎日之詞曰：『……敬拜迎日東郊。』迎日，謂春分迎日也。〈堯典〉曰：『寅賓出日』，此之謂也。」蓋以春分迎日解之。又舉蔡邕《獨斷》之詞曰：「天子父事天，母事地，兄事日，姊事月，常以春分朝日于東門之外，示有所尊，訓民人事君之道也。」並云此：「正用《大傳》之義。鄭注云：『寅賓出日，謂春分朝日。』亦與今文說同。」〔註65〕其下，復舉《尚書·帝命驗》之詞曰：「春夏欲早作，故令民先日出而作，是謂『寅賓出日。』」並云：「其解經與《大傳》殊。」蓋皮氏以「緯書多同今文」，故於《帝命驗》之詞，便採取認同之態度，與大傳之義並存，並云：「蓋三家義異也。」

其三，皮氏考證於《尚書·禹貢》「又東至于澧」下云「今文『澧』作『醴』。《史》、《漢》皆作『醴』……案：『澧』、『醴』通用，《禮運》『地出醴泉』，《釋文》『醴』本作『澧』；《爾雅》『謂之醴泉』，《釋文》『本作「醴泉」』是其證。」此今文之字可通者，然「澧」究竟是「水名」抑或「陵名」，皮氏則云：「《史記集解》曰：『馬融、王肅皆以醴爲水名。鄭玄曰：『醴，陵名也。大阜曰陵。

〔註63〕見皮氏《考證》，頁8～9。
〔註64〕見皮氏《考證》，頁9。
〔註65〕見皮氏《考證》，頁20。

長沙有醴陵縣。』……惟水名、陵名，馬、王、鄭說異，未知孰爲今文。」蓋皮氏以爲何者爲今文家之說法既不可得而知之，故兩義並存之。

其四，皮氏於〈禹貢〉「江、漢朝宗於海」下論述「朝宗」之義時，共列舉鄭玄〈注〉、《風俗通・山澤篇》、《論衡・書虛篇》、虞翻注《易・習坎》、與段玉裁等家之說，並以鄭注爲今文家說，而另以王仲任、虞仲翔爲歐陽、夏侯之異說，鄭〈注〉云：「江水、漢水，其流湍疾，又合爲一，共赴海也，猶諸侯之同心，尊天子而朝事之。荊楚之域，國有道則後服，國無道則先彊，故記其水之義，以著人臣之禮。」皮氏云：「鄭訓宗爲尊，以朝宗爲尊天子之義，與揚子雲說同，蓋亦今文家說。」〔註 66〕蓋皮氏以鄭訓「朝宗」爲尊天子之義爲優也。

第三節　訂《尚書》今古文之脫誤

皮氏《今文尚書考證》既以明今文《尚書》說爲要務，則其首要即在於釐清今古文之差異與闕誤之處，而今文說既明，則伏生之義、三家之說，皆可循跡而得也。故皮氏主要從經文（說）之訛誤、誤衍、闕脫等方面加以考證，其目的皆在於還原今文「正說」之面貌。然今文之說自沛南以下，歷兩漢至清，上下數千年，家法增多，傳本亦不免參差，故對於今文之傳本、說解，亦揭明其正，辨其舛訛，「不使今文亂眞，非與前人立異」。〔註 67〕

一、明訛誤

《尚書・皐陶謨》：「予欲聞六律、五聲、八音、在治，忽以出納五言，汝聽。」舊解「在治，忽」三字，不論今古文，於文義皆無所通。《史記》引此云：「予欲聞六律五聲八音，來始滑，以出入五言，女聽。」《索隱》云：「古文《尚書》作『在治忽』，今文作『采政忽』，先儒各隨字解之。今此云『來始滑』，於義無所通。蓋『來』『采』字相近，『滑』『忽』聲相亂，『始』又與『治』相似，因誤爲『來始滑』，今依今文音『采政忽』三字，劉伯莊云『聽諸侯能爲政及怠忽者』，是也。」〔註 68〕

〔註 66〕以上見皮氏《考證》，頁 154～155。
〔註 67〕見皮氏《考證》，頁 7。
〔註 68〕見皮氏《考證》，頁 111 引。

皮氏則引《大傳》之辭曰：「……樂者，人性之所自有也。故聖王巡十有二州，觀其風俗，習其性情，因論十有二俗，定以六律、五聲、八音、七始。著其素簇以為八，此八伯之事也。分定於五，此五嶽之事也。五聲，天音也。八音，天化也。七始，天統也。」鄭注：「七始，黃鐘、林鐘、大簇、南呂、姑洗、應鐘、蕤賓也，歌聲不應此則去之。」

又引《漢書・律曆志》：「予欲聞六律、五聲、八音、七始，詠以出內五言，女聽。」予者，帝舜也。言以律呂和五聲，施之八音，合之成樂。七者，天地四時人之始也。順以歌詠五常之言，聽之則順乎天地，序乎四時，應人倫，本陰陽，原性情，風之以德，感之以樂，莫不同乎一。惟聖人為能同天下之意，故帝舜欲聞之也。」（《考證》，頁 111～112。）然後案曰：「《索隱》云：『今文作「采政忽」』，『采』字固誤，即『政』字亦非。是《索隱》所謂古文，即僞古文。所云今文，恐亦難信。所載劉伯莊說，即從《僞孔傳》小變之，殆即伯莊所為耳。蓋『來』、『采』形近，『政』、『治』義近，『治』又與『始』相似。『采政』即『桼始』，今古文本無異，特字有訛誤耳。……當以《大傳》、《漢志》之說為正。」〔註 69〕

皮氏並引述孫星衍與段玉裁之論述，以進一步考證班《志》「七始詠」當作「七始訓」。皮氏云：

> 孫星衍說：「『忽』當為𦥔。」疑古本是𦥔字。班《志》「詠」字，《隋書・律曆志》引作「訓」。段玉裁云：「《隋志》實引《漢志》，當從《隋志》作『訓』。孟堅云：『順以歌詠五常之言。』以順釋訓，非以歌詠釋詠。」其義郅塙。……考訓從川，𦥔亦從川；訓從言，𦥔從曰；其義當近。疑班《志》用今文作「七始訓」，《史記》則作「桼始𦥔」，文異而義不異。自《史記》「桼」譌為「來」，「𦥔」譌作「滑」，一因形近，一因聲誤，後人曲為之解，皆不可通。不知史公亦用伏生今文，與班《志》本無不合也。鄭君所據本作「曶」，蓋亦「𦥔」字之譌。班《志》今譌作「詠」，蓋因班《志》下云「順以歌詠五常之言」，淺人遂改「訓」為「詠」耳。今從《隋志》引作「訓」，從班《志》釋為順，「七始」上屬為義，「訓」字下屬為義。《漢書・敘傳》云「八音七始」，則班《志》不以「訓」字連「七始」為義可知。〔註 70〕

〔註 69〕見皮氏《考證》，頁 112。
〔註 70〕見皮氏《考證》，頁 112。

至此，則以往文字之譌誤，文義不通之處，便脈絡清楚，條理明暢。

二、明誤衍

〈堯典〉云：「湯湯洪水方割，蕩蕩懷山襄陵，浩浩滔天。」此處《大傳》未有說，皮氏引《史記》作「湯湯洪水滔天，浩浩懷山襄陵」而云「今文作『湯湯洪水滔天，浩浩懷山襄陵』」。其下並引臧琳之說曰：「案：《論語》『君子坦蕩蕩』，鄭注云：『《魯》讀坦蕩爲坦湯。』今從古《魯論》，今文也。是古文『蕩蕩』字，今文作『湯湯』，《古文尚書》『蕩蕩洪水』，《今文尚書》『湯湯洪水』。孔本不當別出『湯湯』字，蓋於『懷山襄陵』上誤衍『蕩蕩』兩字，俗人欲區別之，因據今文改上『蕩蕩』爲『湯湯』。今文吾『方割』，或史公所略也。『懷山襄陵』、『浩浩滔天』，古今文同，言滔天之事浩浩然，懷山而襄陵也。」〔註71〕

皮氏則以爲臧琳所說「『蕩蕩』誤衍」爲是，至於「方割爲史公所略」則非。皮氏云：「《皐陶謨》曰：『鴻水滔天，浩浩懷山襄陵。』此經當與《皐陶謨》同，特其上多「湯湯」二字。若『方割』字，蓋《今文尚書》本無之，非史公消文。無『方割』二字，文義爲順。」未免論證過於薄弱，皮氏並引《論衡・感虛篇》爲證：《論衡・感虛篇》曰：「堯之時，洪水滔天，懷山襄陵。帝堯吁嗟，博求賢者」此《今文尚書》以「鴻水滔天，懷山襄陵」爲句之證。仲任引經，爲消去「湯湯」、「浩浩」四字耳。鴻水，《石經》作「鴻」，《史記・夏本紀》亦作「鴻」，此《五帝紀》作「洪」，後人改之，當本是「鴻」字。」〔註72〕

此皮氏考證《今文尚書》於此處無「湯湯」與「方割」，蓋誤衍也。

又《尚書・皐陶謨》：「簫韶九成，鳳皇來儀。夔曰：『於，予擊石拊石，百獸率舞，庶尹允諧。』」皮氏曰：「《史記》無『夔曰：於，予擊石拊石』八字，『鳳皇來儀』下云：『百獸率舞，百官信諧。』」〔註73〕蓋以此八字爲誤衍也。皮氏於其下復舉數證爲例：孫星衍說：「史公無『夔曰』者，以禹、伯夷、皐陶相與語帝前時，本無夔，此文已見〈堯典〉，不應重出也。……《漢書・宣帝紀》獲嘉瑞詔曰：『《書》不云虖，『鳳皇來儀，庶尹允諧。』』《後漢書・

〔註71〕見皮氏《考證》，頁32。
〔註72〕見皮氏《考證》，頁33。
〔註73〕見皮氏《考證》，頁131。

明帝紀》詔引《書》曰：「鳳皇來儀，百獸率舞。」皆無「夔曰」八字。《帝王世紀》曰：「簫韶九成，鳳皇來儀，百獸率舞。」皇甫謐亦從《今文尚書》，蓋《今文尚書》本無此八字也。《左氏》莊三十二年《傳》《正義》引服虔曰：「虞舜祖考來格，鳳皇來儀，百獸率舞。」子慎習今文，其所引亦以「鳳皇來儀，百獸率舞」連文，無「夔曰」八字。《漢修西嶽廟記》亦曰：「鳥獸率舞，鳳皇來儀。」若《後漢書・崔寔傳》曰：「樂作而鳳皇儀，擊石而百獸舞。」其所引有「擊石」字，乃用〈堯典〉文，非〈皋陶謨〉文也。〔註74〕

三、明闕脫

《尚書・皋陶謨》：「予乘四載。」皮氏於下云：「今文作『予陸行乘車，水行乘舟，泥行乘橇，山行乘檋』。……一作『陸行乘車，水行載舟，泥行蹈毳，山行即橋』……一作『陸行載車，水行乘舟，泥行乘毳，山行則梮』……要本有此十六字無疑也。」皮氏之證據主要有以下幾點：

1. 《史記・夏本紀》曰：「予陸行乘車，水行乘舟，泥行乘橇，山行乘檋。」於前又曰：「陸行乘車，水行乘船，泥行乘橇，山行乘檋。」惟「舟」作「船」爲異，蓋史公以故訓代之。徐廣《音義》曰：「橇，他書或作『蕝』。檋，一作『橋』，音『邱遙反』。」
2. 《史記・河渠書》曰：「《夏書》曰：禹抑洪水十三年，過家不入門，陸行乘車，水行載舟，泥行蹈毳，山行即橋，以別九州。」《集解》：「徐廣曰：「橋，近遙反。一作『檋』。檋，直轅車也，音己足反。《尸子》曰「山行乘欙」。音力追反。《尸子》又曰「行塗以楯，行險以木最，行沙以軌」又曰「乘風車」。音去喬反。」《索隱》曰：「毳字亦作『橇』，音昌芮反。注以木最，子芮反，又子絕反，與蕝音同。」
3. 《漢書・溝洫志》：云「《夏書》曰：禹堙洪水十三年，過家不入門。陸行載車，水行乘舟，泥行乘毳，山行則梮，以別九州。」孟康曰：「毳形如箕，擿行泥土。」如淳曰：「毳音『茅蕝』之蕝，謂以板置泥上以通行路也。梮謂以鐵如錐頭，長半寸，施之履下，以上山，不蹉跌也。」

〔註74〕以上見《考證》，頁131。又案：皮氏所云出自《尚書・堯典》其原文爲：「帝曰：「夔！命汝典樂，教胄子，直而溫，寬而栗，剛而無虐，簡而無傲。詩言志，歌永言，聲依永，律和聲。八音克諧，無相奪倫，神人以和。」夔曰：「於！予擊石拊石，百獸率舞。」

韋昭曰：「梮，木器，如今轝床，人轝以行也。」

4. 《說文》引《虞書》曰「予乘四載」，「水行」句在「陸行」句上，下二句作「山行乘欙，澤行乘車川」。

5. 孫星衍說：「此四載之文，《河渠書》、《溝洫志》俱引爲《夏書》，《說文》引爲《虞書》，今經文所無，或今文本有之。」

皮氏以爲，依《河渠書》、《溝洫志》、《說文》明引《虞夏書》，「則此十六字今古文皆有之」。《說文》上有「予乘四載」句，爲古文《尚書》；《河渠書》、《溝洫志》所引無「予乘四載」句，乃今文《尚書》。而《夏本紀》之文與《河渠書》、《溝洫志》不同者，「蓋三家今文異字」。〔註 75〕此又皮氏據以論三家今文異字之例。

又《尚書・洛誥》：「孺子其朋，孺子其朋，其往。」皮氏云：「今文『其往』上有『愼』字。」下舉《後漢書・爰延傳》延上封事曰：「臣聞之，帝左右者，所以咨政德也。故周公戒成王曰『其朋其朋』，言愼所與也。」李賢注云：「《尚書》周公戒成王曰：『孺子其朋，孺子其朋，愼其往。』」蓋皮氏以爲「愼」字當有，其云：「李〈注〉引《書》多『愼』字，於義爲長。據爰延說爲愼所與，今文《尚書》當有『愼』字。」又於其下曰：「《三國・魏志》何晏奏曰：『周公戒成王曰『其朋其朋』，言愼所與也。又《蔣濟傳》濟上疏曰：『周公輔政，愼於其朋。』皆有『愼』字。」〔註 76〕

本章所論，乃就皮氏考證《今文尚書》之基本原則以及對於《今文尚書》之用字、用詞、三家今文之異文異說與《尚書》今古文之闕、誤、衍之處的考證成果，予以分析整理。大體而言，皮氏對於今文《尚書》之考證，乃以「兩漢經說」爲主，輔以後代說解《尚書》之善者，以爲考證之資，而後來學者論說之處如有不妥，亦必引證加以辨正，以符合「一以今文爲本」之原則，還今文《尚書》「正說」之面貌。可知「今古文之家法切忌混淆」，乃皮氏對於《今文尚書》「追本溯源」時所堅持的學術理念。

〔註 75〕以上見皮氏《考證》，頁 104～105。

〔註 76〕同前注，頁 346。

第五章　皮錫瑞《今文尚書》之研究（下）

第一節　對名物制度之考證

清朝自乾嘉以下，對於名物制度的考證往往不遺餘力，蓋當時之學者普遍認爲名物制度的研究，可以說是通讀經書的基本功夫。名物制度之正確的理解與否，對於《書》義的瞭解，可說是影響甚大。因此，即使處在清末以闡發今文經學之「微言大義」爲主的時代，作爲今文學大將的皮錫瑞，仍堅持以更矜慎、嚴謹的學術態度，對於《今文尚書》的名物制度詳加考訂，其目的乃在於還今文學之本來面目，「冀以扶孔門之微言，具伏學之梗概」。〔註 1〕

一、對名物之考證

皮氏對於《今文尚書》所言之名物，除考證其爲何物之外，往往兼明此名物背後所含之意義。如：《尚書・堯典》：「輯五瑞。」此所言之「五瑞」在今文家所言究爲何指？其意義爲何？皮氏以《白虎通・瑞贄篇》、焦延壽之《焦氏易林》、《公羊》定八年《傳》何氏《解詁》爲證，認爲今文家說以珪、璧、琮、璜、璋爲五瑞。皮氏首舉《白虎通・瑞贄篇》云：

> 王者始立，諸侯皆見何？當受法稟正教也。《尚書》「輯五瑞，覲四嶽」，謂舜始即位，見四方諸侯，合符信。何謂五瑞？謂珪、璧、琮、璜、璋也。……蓋璜以徵召，璧以聘問，璋以發兵，珪以質信，琮

〔註 1〕 見皮氏《尚書大傳疏證・自序》（上海：上海古籍出版社，1995 年 3 月），收於《續修四庫全書・經部・書類》，第 51 冊，頁 698～699。

以起土功之事也。……珪者，兑上，象物始生見於上也。信莫著於乍見，故以珪爲信。……璧者，方中圓外，象地，地道安寧而出財物，故以聘問也。……璜者，半璧，位在北方，北陰極而陽始起，故象半陰，陽氣始施，徵召萬物，故以徵召也。……璋，半珪，位在南方。男方陽極而陰始起，兵亦陰也，故以發兵也。……琮之爲言宗也。象萬物之宗聚也，功之所成，故以起土功發眾也。……五玉所施，非一不可勝，條略舉大者也。〔註2〕

此皮氏以《白虎通》之說，直釋今文家說「五瑞」爲「珪、璧、琮、璜、璋」——即「五玉」，而「五瑞」所分別代表之意義，則已融入西漢陰陽五行之意義而加以解說，此亦可見西漢今文家多以陰陽五行之思想解釋經書之方式。

皮氏更進一步舉《焦氏易林》、《公羊》定八年《傳》何氏《解詁》爲證，以「五瑞」確爲「珪、璧、琮、璜、璋」：

焦氏《易林·需之井》、《否之訟》皆云：「珪、璧、琮、璋，執贄見王。」《漸之履》云：「珪、璧、琮、璜，執贄見王。」是古以珪、璧、琮、璜、璋皆爲見王之贄。《易林》四字爲句，故或言璋不及璜，或言璜不及璋，互見爲義。《公羊》定八年《傳》何氏《解詁》曰：「不言璋言玉者，起珪、璧、琮、璜、璋五玉盡亡之也。珪以朝，璧以聘，琮以發兵，璜以發眾，璋以徵召。」與《白虎通》言五玉所施正同。焦延壽、何劭公皆習今文，故皆與《白虎通義》合。〔註3〕

故皮氏以此爲今文家釋「五瑞」之正解。此「五瑞」蓋諸侯來朝時，天子親與子合瑞信者，皮氏舉《白虎通·朝聘篇》曰：「諸侯來朝，天子親與之合瑞信者何？正君臣，重法度也。《覲禮經》曰：『侯氏坐取圭，升致命，王受之玉。』《尚書》曰：『輯五瑞。』」又今文家皆主「殷爵三等」之說，故皮氏駁馬融：「五瑞」爲公侯伯子男所執以爲瑞信之說，謂「周以前不得有公侯伯子男五等之爵」〔註4〕不得以周官五等之爵，混淆唐虞瑞玉之制。

又〈堯典〉「二生」，皮氏則據《史記·封禪書》、《漢書·郊祀志》、《風俗通·山澤篇》、《續漢書·祭祀志》所載光武封禪刻石文，以爲「生」皆作「牲」。而《史記·（堯）本紀》、《白虎通》作「生」者，疑後人改之。皮氏

〔註2〕見皮氏：《考證》，頁52～53。
〔註3〕見皮氏：《考證》，頁53。
〔註4〕見皮氏：《考證》，頁53。

並進一步據孫星衍之說論證，以爲今文家所言之「二生」當是「麑鹿」而非「羔雁」。皮氏云：

> 孫星衍說：「二生者，古以麑鹿。《白虎通．文質篇》云：『臣見君所以有贄何？贄者質也，質己之誠，致己之悃愊也。公侯以玉爲贄者，玉取其燥不輕，濕不重，公侯之德全。卿大夫贄，古以麑鹿，今以羔雁何？以爲古者質，取其內，謂得美草鳴相呼。今文，取其外，謂羔跪乳，雁有行列也。《禮．士相見經》曰：『上大夫相見以羔，左頭如麛執之。』明古以麑鹿，今以羔也。』據此，知唐、虞時二生是麑鹿，非羔雁也。」〔註5〕

蓋以玉爲質，以麑鹿爲質，各有其不同之代表意義，而唐虞時「二生」當作「麑鹿」解之，不得以爲「羔雁」也。此即皮氏所云「一代有一代之制度，未可據後王而強同之也」。〔註6〕

又《尚書．皋陶謨》：「下管鼗鼓，合止柷敔，笙鏞以間。」皮氏釋管、鼗、鼓、柷、敔等樂器，以《白虎通．禮樂篇》、《風俗通．聲音篇》、《釋名．釋樂器》之說，云：

> 今文「鼗」作「鞀」。……《白虎通．禮樂篇》云：「《書》曰：『下管鞀鼓，笙鏞以間。』……鞀者，震之氣也，上應昴星以通王道，故謂之鞀也。管，艮音也。」
>
> 《風俗通．聲音篇》曰：「《禮．樂記》云：『管，桼竹長一尺，六孔，十二月之音也。象物貫地而芽，故謂之管。』《尚書大傳》曰：『舜之時，西王母來獻其白玉琯。』昔章帝時，零陵文學奚景，于泠道舜祠下得笙白玉琯，知古以玉爲管，後世乃易之以竹耳。夫以玉作音，故人神和，鳳皇儀也。」又曰：「柷。謹案：《禮．樂記》：『柷，漆桶，方畫木，方三尺五寸，高尺五寸，中有椎，止用柷之音爲節。』《書》曰：『合止柷敔，笙鏞以間。』」
>
> 《釋名．釋樂器》曰：「鞀，導也，所以導樂作也。鼓，郭也，張皮以冒之，其中空也。柷，狀如伏虎，如見柷柷然也，故訓爲始以作樂。」〔註7〕

〔註5〕見皮氏：《考證》，頁58～59。

〔註6〕皮氏：《經學通論》（台北：台灣商務印書館，民國78年10月台五版），頁67。

〔註7〕以上見皮氏：《考證》頁128～129引。

此皮氏分別解釋「管、鼗、鼓、柷、敔」之意義與用途，惟《釋名》云「柷」之用途爲「始以作樂也」，與《風俗通》「止用柷之音爲節」不同，亦與鄭玄《尚書注》〔註8〕所言者異。皮氏以爲「乃今古說之異」「《釋名》蓋用今文說也。」〔註9〕文中並引《韓詩外傳》、《孔子閒居》、《明堂位》、《王制》、《白虎通·禮樂篇》以言樂、舞之次序與意義。

其次，皮氏考證名物時亦多引緯書之說，皮氏嘗云「緯候所陳，多與今文相合，載稽歲月，猶可徵明」，〔註10〕蓋此爲皮氏論證時所採用之基本原則，今文家的許多見解，都可在緯書中大量的被看到。〈皋陶謨〉:「簫韶九成，鳳皇來儀。」皮氏釋「鳳皇」時，首引《說文》之說曰:「管，如篪，六孔，十二月之音。……重文『琯』……古者以玉爲之。夫以玉作者，故神人以和，鳳皇來儀也。」並云:「《說文》以神人以和，鳳皇來儀并言，則許君亦以鳳皇爲瑞應，同今文說。」〔註 11〕蓋今文家說鳳皇皆以瑞應之象解之，皮氏於下文例舉孫星衍、《大傳》、《書緯》、《考靈燿》、《中候》、《樂緯》等說以證之，皮氏首云:

> 孫星衍說:「鳳皇，今文說爲瑞應。《論衡》引《大傳》云:『鳳皇在列樹。』《漢書》元康元年『鳳皇集泰山』，引此經文。史公說爲『禹興〈九招〉』者，謂此太室之祭，是薦禹于天，禹爲主人，故云禹作〈九招〉也。《說苑·修文篇》云:『禹乃興〈九招〉之樂，致異物，鳳皇來翔，天下明德也。』亦同史公說。〔註12〕

依此，則今古文說鳳皇皆同也。皮氏又云:

> 今文說鳳皇爲瑞應，孫氏所引之外，如《大傳》曰:「舟張辟雍，鶬鶬相從。八音回回，鳳皇喈喈。」《書緯·帝命驗》曰:「舜受終，鳳皇來儀。」又曰:「舜舞終而鵕鳳來。」《考靈燿》曰:「明王之治，

〔註 8〕此處所云鄭玄《尚書注》蓋轉引自阮刻《十三經注疏·周禮注疏》所載（李學勤主編，北京大學出版社（標點本），1999 年出版），第四冊，第 579 頁。鄭注云:「下管鼗鼓以下，謂舜廟堂下之樂，故言下。云合止柷敔者，合樂用柷，柷狀如漆桶，中有椎，搖之所以節樂。敔，狀如伏虎，背有刻，以物櫟之，所以止樂。」

〔註 9〕見皮氏:《考證》頁 129。

〔註10〕見皮氏著:《六藝論疏證·序》，收於《續修四庫全書·經部·群經總義類》(上海:上海古籍出版社，1995 年 3 月)，第 171 冊。

〔註11〕見皮氏:《考證》，頁 130。

〔註12〕見皮氏:《考證》，頁 130。

鳳皇下之。」《中侯》曰：「帝軒提象，鸞鳳來儀。」又曰：「帝舜云：朕維不乂，百獸鳳晨。」《雒書．靈准聽》曰：「正月上日，舜受終，鳳皇儀。」《樂緯》曰：「是以清和上升，天下樂其風俗，鳳皇來儀，百獸率舞。」〔註13〕

其他尚有：

王褒《四子講德論》曰：「鳳皇來儀，翼翼邕邕。羣鳥並從，舞德垂容。」班固《典引》曰：「是以來儀集羽足於觀魏。」《後漢書》章帝詔曰：「獲來儀之貺。」左雄〈疏〉曰：「故能降來儀之瑞。」田弱薦法眞疏云：「必能唱〈清廟〉之歌，致來儀之鳳矣。」《論衡．齊世篇》曰：「無嘉瑞之應，若『叶和萬國』、『鳳皇來儀』之類。」又曰：「有虞氏之鳳皇，宣帝以五致之矣。」……《列子．皇帝篇》曰：「堯使夔典樂，擊石拊石，百獸率舞，鳳皇來儀，簫韶九成，以此聲致禽獸者也。」則其義古矣。〔註14〕

二、對制度之考證

對於制度的考證，皮氏基本上不採信《古文尚書》之說，其原因除了東晉梅賾所上之《尚書》是僞書之外，即便是西漢的劉歆，東漢的賈、馬、許、鄭之古文說，也因爲多採信《周官》之說，而爲皮氏所駁斥。蓋皮氏以爲《周官》一書實非周公所作，所載之制亦爲周代之時，並非唐、虞、夏、商諸帝之制。皮氏云：「今文家之說《尚書》也，唐虞之書即以唐虞之制解之，此其理甚易明，而至當不可易者也。古文家說《尚書》，務創新說，以別異於今文，其所謂新說，大率本於《周官》一書，《周官》出山巖屋壁，漢人多不信爲周公所作，即使眞是周公手定，而唐虞夏商諸帝王，遠在千載以上，安能預知姬周一代，有一周公其人。有一周公手定之書名曰《周官》，而事事效法之，此理甚易明，而至當不可卻者。」〔註15〕皮氏於《經學通論》嘗言「《古文尚書》說誤以《周官》解唐虞之制」其失有四，如：羲和四子、五服、五章、五瑞之說，以及六宗、五刑、六卿等，〔註16〕皆以爲《古文尚書》從《周官》

〔註13〕同前注。
〔註14〕見皮氏：《考證》，頁130。
〔註15〕見皮氏：《經學通論．書經》，頁66。
〔註16〕同前注。

之說而不可信者。

而對於古文說有與今文同者，如未明引《周官》之誤或其說有可信者，則皮氏多以「蓋三家今文有同於古文者」〔註 17〕的態度處理之，蓋皮氏自始即已認為「今古文本同末異」「今文古文同出孔子之手」，〔註 18〕而今古文之同，更足以證明今文之可資據信。今復舉例以明皮氏對於《今文尚書》制度之考證的處理方式：

《尚書・堯典》對於「巡守」一詞數見：「歲二月，東巡守，……五月南巡守，至於南嶽，……八月西巡守，至於西嶽，……十有一月，朔巡守，至於北岳，……五載一巡守，群后四朝。」而對於「巡守」一制的相關問題，皮氏的考證約可分成幾部分來說：

（一）用　字

皮氏以為「巡守」之「守」，今文即作「守」，歐陽異文或作「狩」。蓋皮氏以《漢書・郊祀志》及《禮記・王制》之字皆作「守」，而班固習夏侯《尚書》，《禮記》與夏侯《尚書》乃同一師承，故推論夏侯本《尚書》作「守」也。然「《白虎通》亦出於班氏，據其故訓，亦當作『守』」，〔註 19〕作「狩」者乃「後人加犬旁耳」。至於《史記・堯本紀》作「狩」者，皮氏則以為「或歐陽本不同」，蓋皮氏以史公傳歐陽《尚書》也。〔註 20〕

（二）「歲二月」的巡守時間

《尚書・堯典》：「歲二月，東巡守。」對於「歲二月」之時間所指為何？皮氏共舉五證以論之：

1. 《史記・集解》：「馬融曰：『歲二月，舜受終後五年之二月。』鄭玄曰：『建卯之月。』」《公羊・疏》引鄭玄多『歲二月者正歲』六字。」
2. 陳喬樅說：「考上文正月上日為堯正建丑之月，則建卯當為三月。經於二月上特加『歲』字，明其為正歲之二月。鄭注《周禮・小宰職》云：『正歲，謂夏之正月。』是知巡守必以寅正之仲月矣。」
3. 《白虎通・巡狩篇》曰：「巡狩所以四時出何？當承宗廟，故不踰時也。以夏之仲月者，同律度，當得其中也。二月八月，晝夜分。五月十一

〔註 17〕見皮氏：《考證》，頁 125。
〔註 18〕見皮氏：《經學通論・書經》，頁 49。
〔註 19〕據《白虎通・巡守篇》觀之，則皮氏以為作「守」者，是。
〔註 20〕以上所引，見皮氏：《考證》，頁 53～54。

月，陰陽終。」

4. 《春秋・運斗樞》曰：「舜以太尉受號即位爲天子，五年二月，東巡狩。」

5. 羅泌《路史》曰：「歲二月者，乃次一年二月也，世之不究，《虞夏傳》云：『惟元祀，巡狩四岳八伯。』馬融以爲受終五年，非也。」〔註21〕

皮氏對此則有兩個論斷：其一，「馬《注》正本緯書。知爲受終後五年者，以下云『五載一巡狩』知之耳。」其二，「羅（泌）據《大傳》說，似更塙。」〔註22〕知皮氏以爲當作「次一年二月」方爲正解。

（三）對於「五載一巡狩」的解釋

《尚書大傳》云：「五年親自巡守，巡猶循也，狩猶守也，循行守視之辭，亦不可國至，人見爲煩擾，故至四嶽，知四方之政而已。」〔註23〕

又〈虞傳〉云：「古者諸侯之於天子，五年一朝，朝見其身，述其職。述其職者，述其所職也。」故從《尚書大傳》可見出幾個問題：

1. 巡守之循環爲每五年一次。
2. 巡守之意義爲「知四方之政」。
3. 諸侯之於天子，每五年朝見一次，述其所職。

皮氏對此，則依《大傳》之說，進一步舉證說明：

（1）《白虎通・巡狩篇》曰：「所以不歲巡狩何？爲太煩也。過五年，爲太疏也。因天道時有所生，歲有所成，三歲一閏，天道小備；五歲再閏，天道大備；故五年一巡守。三年，二伯出，述職黜陟。」

《風俗通・山澤篇》曰：「所以五載一出者，蓋五歲再閏，天道大備。」

《御覽》引《逸禮》曰：「所以五年一巡守何？五歲再閏，天道大備。」〔註24〕

（2）《白虎通・巡狩篇》曰：「王者所以巡狩者何？巡者，循也；狩者，牧也。爲天下巡行守牧民也。道德太平，恐遠近不同化，幽隱不得所者，故必親自行之，謹敬重民之至也。」〔註25〕

《風俗通・山澤篇》曰：「巡者，循也；狩者，牧也。道德太平，恐遠近

〔註21〕以上五點所引，見皮氏《考證》，頁54。

〔註22〕見皮氏《考證》，頁54。

〔註23〕見《尚書大傳・唐傳》。

〔註24〕上引見皮氏：《考證》，頁53。

〔註25〕見皮氏：《考證》，頁54引。

不同，故必親自行之，循功考德，黜陟幽明也。」〔註26〕

《公羊》隱八年《注》曰：「王者所以必巡守者，天下雖平，自不親見，猶恐遠方獨有不得其所，……巡猶循也，狩猶守也，循行守視之辭，亦不可國至，人見爲煩擾，故至四嶽，知四方之政而已。」〔註27〕

（3）《公羊》桓元年《傳》何氏《解詁》曰：「五年一朝，王者亦貴得天下之歡心，以事其先王，因助祭以述其職，故分四方諸侯爲五部，部有四輩，輩主一時。《孝經》曰『四海之內，各以其職來助祭』，《尚書》曰『群后四朝。敷奏以言，明試以功，車服以庸』是也。」

陳喬樅說：「考《禮記・王制・正義》引鄭（玄）《孝經・注》云：『諸侯五年一朝天子，天子亦五年一巡守。』案：鄭注《孝經》，與注《尚書》異。《孝經・注》當是用今文《尚書》說，故與何休說略同。《漢書・藝文志》載《孝經》有《后氏說》，后氏爲夏侯始昌弟子，與夏侯勝同師，故《孝經》說有與《尚書》說合者，以其同一師授。」〔註28〕此皮氏以爲「諸侯五年一朝天子，天子亦五年一巡守」皆爲今文說也。皮氏續引陳喬樅之說曰：「《五經異議》云：『《公羊》說，諸侯比年一小聘，三年一大聘，五年一朝天子。《左氏》說，十二年之間，八聘、四朝、再會、一盟。許愼謹案：《公羊》說虞夏制，《左氏》說周禮。傳曰：三代不同物，明古今異說。』是許君亦以『五年一朝』爲虞夏制。」〔註29〕蓋以此今古文說皆同也，亦可證今文說之眞。惟鄭（玄）《孝經・注》與《公羊傳・何氏解詁》於解釋「五年一朝」時，其說法略有差異，蓋前者以爲：「諸侯五年一朝天子，天子亦五年一巡守，熊氏以爲虞夏制法，諸侯歲朝，分爲四部，四年又徧，總是五年一朝，天子乃巡守，故云...」皮氏則以爲鄭《注》之說法於義有缺也，故引陳氏（喬樅）之說法云：

> 鄭言四方諸侯分爲四部，四年乃徧，則是巡守之年諸侯不朝于京師也。據何云五年一朝者，王者貴得天下之歡心，以事其先王。是所重者不僅述職而已，兼重在助祭京師，故分四方諸侯爲五部，部分四輩，輩主一時，則五年之中，四時祭祀皆有諸侯助祭矣。至巡守之年，諸侯各就其方，以四時朝于方嶽之下，而所分之第五部，於

〔註26〕見皮氏《尚書大傳疏證・唐傳》引。
〔註27〕同前引書。
〔註28〕以上所引見皮氏：《考證》，頁63。
〔註29〕同前引書，頁64。

是年亦分四輩，以四時朝於京師，因助祭而述職，故五年乃徧也。若如鄭說只分四部，四年而徧，則巡守之年四方諸侯無一來京師助祭者，於大典有缺，是不如從劭公之說爲長也。〔註30〕

知此言鄭玄之說固與今文家同，然抑不如今文說之可據也。故可知皮氏之考證，要皆以說明今文家所言之制度方爲可信，方符合「伏生《大傳》最初之義」，俾經說之純而不雜也。

第二節　考證《今文尚書》所論之三代史實

皮氏云：「一代有一代之制度，未可據後王而強同之也；一代有一代之事實，尤未可憑胸臆而強易之也。伏生《大傳》、太史公書所載事實，大致不異，古來口授相傳，本是如此。兩漢今文，並尊師說，東漢古文，始有異議；所改制度，多本《周官》，所改事實，不知何本？大率採雜說，憑臆斷，爲宋明人作俑，自此等臆說出，不僅唐虞三代之制度亂，並唐虞三代之事實亦亂。」〔註31〕故皮氏以爲：

1. 三代事實，自東漢古文說出，始紛雜混淆。
2. 古文說之亂三代事實，大抵本於「採雜說、憑臆斷」，故爲宋明人作俑。
3. 兩漢今文，並尊師說，故可據信。
4. 伏生《大傳》、馬遷《史記》所載之事實，大致不異，亦可據信。

因此，欲明今文《尚書》之義，必明今文《尚書》所載之三代史實，方可得之，不致爲古文說所混淆，反致《尚書》義矇昧不明也。近人蔣善國先生亦云：「就《今文尚書》經說方面看，現時所可認爲僅存最古的《今文經說》，只有《尚書大傳》和《史記》所載先秦史實的大部分，其次是《白虎通義》和許慎《說文解字》所收《今文尚書》說。」〔註32〕

故皮氏以伏生《大傳》、馬遷《史記》、兩漢今文經說爲本，考證今文經說所載之三代史實，對於古文說之誤者則引以駁之，大抵應爲可信。皮氏於《經學通論》中，共計例舉十事以論今文《尚書》說之事實，〔註33〕今引《今

〔註30〕見皮氏《考證》頁64。
〔註31〕見皮氏：《經學通論・書經》，頁67～68。
〔註32〕見蔣善國撰：《尚書綜述》（上海：上海古籍出版社，1988年出版），頁451。
〔註33〕見皮氏：《經學通論・書經》，頁68～71。皮氏云：「今略舉數事以證之：〈堯典〉乃命羲和，專爲授時，帝曰：疇咨若登時庸，別爲一事。張守節《史記

文尚書考證》所述並《經學通論》之例擇要以論之：

其一：

〈堯典〉曰：「乃命羲和，……帝曰：『疇咨若時登庸。』」皮氏以爲二者本「別爲一事」，惟馬、鄭乃連合二者爲一事。「以羲和爲六卿，登庸爲代羲和，以致孔《疏》有求賢而薦太子之疑，信《僞孔》以允子朱爲允國子爵，而違《史記》『嗣子丹朱』之明證。」〔註34〕

馬注云：「羲和爲卿官，堯之末年皆以老死，庶績多闕，故求賢順四時之職，欲用以代羲和。」〔註35〕

鄭注云：「堯始得羲和，命爲六卿，後稍死，驩兜共工以代之。」〔註36〕

二氏皆以登庸爲代羲和，而皮氏考證之例則有：

1. 《史記》張守節《正義》云：「言將登用之嗣位也。」以登庸爲登用嗣位，蓋本漢人舊說，三家今文之遺。
2. 揚雄《美新》云：「陛下以至聖之德，龍興登庸。」此今文說以登庸爲登帝位之證。如今文說，可以解孔《疏》「求官而薦太子」之疑，僞《孔》以胤子朱爲胤國君，其謬不待辨矣。
3. 《漢書・律曆志》曰：「堯使子朱處於丹淵爲諸侯。」朱之封丹，必在舜徵庸之後，其先則朱爲太子，故稱胤子。
4. 《尚書大傳》：「堯爲天子，丹朱爲太子，舜爲左右。堯知丹朱之不肖，必將壞其宗廟，滅其社稷，而天下同賊之，故堯推尊舜而尚之，屬諸侯焉。」〔註37〕

皮氏進一步說：「《大傳》：『丹朱爲太子，舜爲左右。』蓋堯使舜爲丹朱左右，如周公使伯禽與成王居，抗世子法之意。其後灼知舜聖而朱不肖，乃使朱處丹淵爲諸侯，而以舜爲太子。下文『賓於四門』，馬注云：『諸侯群臣朝者，舜賓迎之，皆有美德也。』馬云舜迎諸侯，正與《大傳》云『孟侯者，於四方諸侯來朝，迎於郊』相合。」可知皮氏以爲「丹朱爲嗣子」方爲正確之事

正義》…….此亂唐虞之事實者一也，……..此亂三代之事實者十也。」

〔註34〕見皮氏：《經學通論・書經》，頁68。

〔註35〕見皮氏：《經學通論・書經》，頁68～71。又見皮氏：《考證》，頁28引。

〔註36〕見皮氏：《經學通論・書經》，頁68～71。又見皮氏：《尚書大傳疏證》，頁710～711引。

〔註37〕以上4點見皮氏：《考證》，頁28引。

實，馬融之說正可為證。故皮氏結論曰：「蓋堯既廢朱，乃使舜居太子之職。此時舜未登用，放齊稱朱為胤子，則不得稱丹朱。史公就其後日所封言之，欲人易曉耳，不意有如《僞孔》云：『胤，國；子，爵』之顯違《史記》者。」〔註38〕

其二，《尚書・金縢》經文載周公居東二年，罪人斯得，天大雷電以風，禾盡偃，成王開金縢感悟，遂迎周公返。所言「居東二年」與「雷電以風，成王感悟」二事，皮氏以「嚴師法、守顓門」的學術態度，考證二者之事實，以為「居東」為「東征」，「雷電以風」為「葬疑」（《論衡・感類篇》語）。

（一）居 東

皮氏以為「居東」即東征。其論述之證據有：

《大傳》：「周公攝政，一年救亂，二年克殷，三年踐奄。」蓋以克殷為居東二年東征之事。

《史記・魯周公世家》：「管、蔡、武庚等果率淮夷而反。周公乃奉成王命，興師東伐，作《大誥》。遂誅管叔，殺武庚，放蔡叔。收殷餘民，以封康叔於衛。封微子於宋，以奉殷祀。寧淮夷東土，二年而畢定。」蓋以奉成王命，興師東伐，二年畢定事為「居東」，即《大傳》所言之「克殷」。皮氏云：「史公之說與伏生合，皆以居東二年即是東征。」

《逸周書・作雒解》云：「二年，又作師旅，臨衛攻殷，殷大震潰。降辟三叔，王子祿父北奔，（皮氏案：《史記》云：『殺武庚。』此云：『祿父北奔。』則武庚、祿父非一人）管叔經而卒，乃囚蔡叔于郭淩。凡所征熊盈族十有七國，俘維九邑。俘殷獻民，遷于九畢，俾康叔宇於殷，俾中旄父與于東。」皮氏云：「其說與《大傳》、《史記》合。」

又，《詩譜・疏》云：「毛以罪人為得管、蔡，周公居東為東征也。」《論衡・恢國篇》云：「周成王管、蔡悖亂，周公東征。前代皆然，漢不聞此。」皮氏云：「此今文說以居東為即是東征之證。」〔註39〕又云：「西漢以前，無避居東都說，《毛詩》雖古文，亦以『居東』即『東征』。」〔註40〕

惟《論衡・感類篇》引古文家之言曰：「古文家以武王崩，周公居攝，管、

〔註38〕以上所引見皮氏：《考證》，頁28～29。

〔註39〕以上所引，皆見皮氏：《考證》，頁288～289。

〔註40〕見皮氏《師伏堂筆記・卷二》（上海：上海古籍出版社，1997年出版），《續修四庫全書・子部・雜家類》，第1165冊。

蔡流言，王意狐疑周公，周公奔楚，故天雷雨，以悟成王。」〔註 41〕皮氏以爲「乃鄭（玄）說所本，然西漢今文家無此說，西漢古文家如《毛傳》亦無此說也。」〔註 42〕蓋以周公見讒遂「居東」避之，古文家說無所本，故以爲不可信。

（二）「雷電以風，成王感悟」事

《尚書大傳》曰：「周公致政封魯。三年之後，周公老於豐，心不敢遠成王，而欲事文武之廟。然後周公疾，曰：『吾死，必葬於成周，示天下臣於成王。』成王曰：『周公生欲事宗廟，死欲聚骨於畢，』畢者，文王之墓也。周公死，成王欲葬之於成周。天乃雷雨以風，禾盡偃，大木斯拔，國人大恐。王與大夫開金縢之書，執書以泣，曰：『周公勤勞王家，予幼人弗及知。』乃不葬於成周，而葬之於畢，示天下不敢臣，所以明有功，尊有德。故忠孝之道，咸在成王、周公之間。故魯郊，成王所以禮周公也。」皮氏首以《大傳・金縢傳》之說，以爲伏生之義，當以「雷雨以風」爲周公死後之事——猶豫葬周公於成周或畢地。

《史記・魯周公世家》曰：「周公在豐，病，將沒，曰：『必葬我成周，以明吾不敢離成王。』周公既卒，成王亦讓，葬周公於畢，從文王，以明予小子不敢臣周公也。周公卒後，秋未穫，暴風雷雨，禾盡偃，大木盡拔，周國大恐。成王與大夫朝服以開金縢書，王乃得周公所自以爲代武王功之說。……」此皮氏以《史記》爲暴風雷雨之事，亦同《大傳》之說，乃周公卒後，成王欲葬周公之事。

《論衡・感類篇》亦云：「《金縢》曰：『秋，大熟，未穫。天大雷電以風，禾盡偃，大木盡拔，邦人大恐。』當此之時，儒者說之，以爲成王狐疑於周公：欲以天子禮葬周公，公人臣也；欲以人臣禮葬周公，公有王功。狐疑於葬周公之間，天大雷雨，動怒示變，以彰聖功。」〔註 43〕故皮氏以爲《論衡》此說與《大傳》、《史記》所說相同，應是今文家最初經說無疑。前引《論衡》所言：「王意狐疑周公……周公奔楚。」乃古文家言，故不爲皮氏所認同。

皮氏復言依《白虎通・封公侯篇》、〈喪葬篇〉、《漢書・梅福傳》、〈杜鄴

〔註 41〕見王充著：《論衡・感類篇》，引自黃暉撰：《論衡校釋》（北京：中華書局，1990 年 2 月第一版，1996 年 11 月北京第三次印刷），頁 788。

〔註 42〕同注 9，頁 298。

〔註 43〕同注 11，頁 787。

傳〉、〈儒林傳〉、《後漢書・周舉傳》、〈張奐傳〉、《公羊何氏解詁》之說與此同之。

關於此段之史實記載，依《尚書・金縢》經文所述爲：

> 既克商二年，王有疾，弗豫。二公曰：「我其爲王穆卜。」周公曰：「未可以戚我先王？」公乃自以爲功，爲三壇同墠。爲壇於南方，北面，周公立焉。植璧秉珪，乃告太王、王季、文王。史乃冊，祝曰：……。公歸，乃納冊於金縢之匱中。王翼日乃瘳。
>
> 武王既喪，管叔及其群弟乃流言於國，曰：「公將不利於孺子。」周公乃告二公曰：「我之弗辟，我無以告我先王。」周公居東二年，則罪人斯得。於後，公乃爲詩以貽王，名之曰《鴟鴞》。王亦未敢誚公。
>
> 秋，大熟，未獲，天大雷電以風，禾盡偃，大木斯拔，邦人大恐。王與大夫盡弁以啓金縢之書，乃得周公所自以爲功代武王之說。二公及王乃問諸史與百執事。對曰：「信。噫！公命我勿敢言。」
>
> 王執書以泣，曰：「其勿穆卜！昔公勤勞王家，惟予沖人弗及知。今天動威以彰周公之德，惟朕小子其新逆，我國家禮亦宜之。」王出郊，天乃雨，反風，禾則盡起。二公命邦人凡大木所偃，盡起而築之。歲則大熟。

蔣善國氏以爲「經文原不僞，也無錯簡」，〔註 44〕皮氏引孫星衍之說，以爲經文秋大熟以下爲〈亳姑〉逸文，〔註 45〕當非。蔣氏之說，當爲可信。故解本篇之經文，宜就經文本身之論述爲理解經文的角度，不可先以「後代之說」「先入爲主」，以免「方枘圓鑿」也。

就經文本身而言，自從武王去世，管、蔡等人之流言四起，以爲周公將不利於成王，周公乃向二公（太公、召公）〔註 46〕表白曰：「我之弗辟，〔註 47〕

〔註 44〕見蔣善國：《尚書綜述》，頁 233～235 之論述。

〔註 45〕皮氏所引見《考證》，頁 190。

〔註 46〕此據《魯世家》說：「周公乃告太公望、召公奭曰：『我之所以弗避…….』」

〔註 47〕此「辟」字作「國君」解，如《詩經・大雅・文王有聲》：「皇王維辟」辟即作「君」解。杜正勝院士云：「辟，當作國君解，典籍不乏例子；若釋作逃避之義，不但不明當時的情勢，簡直把周公描繪成一個悻悻然的小人了。或引《魯世家》：『弗辟（《正義》，音避）而攝行政』，只攝政，不稱王。問題還是『自稱爲王則不爲臣』的意識在作怪。」（見杜氏《周代城邦・尚書中的周公》

我無以告我先王。」於是便「稱王」，以維繫繼文王之後，武王剛奠基未久的新政府於不墜。帶兵向東討伐管、蔡、武庚，歷二年，而「罪人斯得」。後來，周公還政時告訴成王曰：「朕復子明。王如弗敢及天基命定命，予乃胤保，大相東土，其基作民明辟。」（《尚書・雒誥》）可知，「居東」當爲「東征」無誤。杜正勝先生即云：「就當時全中國的情勢論，文王侷限於雍州一隅，武王雖克殷，代紂而爲天下之共主，並不能實有殷人之地，東方的商奄淮夷勢力依然強大，領域也比周人遼闊得多。於是乎武王憂心『天下未集』而思營雒邑以爲東進的基地。當時周人之大患在東南不在西北，宗周失之退縮閉塞，洛陽才是天下的樞紐。……不幸武王遽然謝世，周公乃在這種情勢下負起繼絕存亡的重任，執政視事。」〔註 48〕其次，在征戰異鄉又飽受流言之苦的情況下，周公只得對成王貽詩以明志，詩名曰《鴟鴞》。〔註 49〕「如果周公非因稱王而受誤解，何以『（成）王亦未敢誚公』？」〔註 50〕

綜上所論，皮氏以今文家法援引今文家說之證據以考證「居東」爲「東征」一事當得其實，惟以「奉成王命」，則未必如是。

再者，就「雷電以風，成王感悟」事以論，依〈金縢〉經文所言：爲維繫新造之國家於不墜，周公稱王，東征管蔡、鎮撫異族，如《尚書大傳》云：「周公攝政，一年救亂，二年克殷，三年踐奄。」又加上爲流言所苦，故與成王叔姪之間的關係恐早有芥蒂。就在這誤會難解之時，「秋，大熟，未穫。天大雷電以風，禾盡偃，大木斯拔，邦人大恐」。成王遂與大臣們盛服欲以占卜問天，及開金縢之書，「乃得周公所自以爲功，代武王之說」。於是「王執書以泣」，並說：「其勿穆卜。昔公勤勞王家，惟予沖人弗及知」，深感悔悟。杜正勝先生云：「〈金縢〉語涉神奇，但不一定非事實，如果叔姪沒有一番誤解，成王爲什麼自責不知周公勤勞王家，以至於執金縢之書而泣？」〔註 51〕

（台北：聯經出版事業公司，民國 70 年修訂再版，民國 74 年第 3 次印行），頁 169。又，以下主要之論述亦多參考杜氏之說，附誌於此，未敢掠美。

〔註 48〕見杜氏：《周代城邦・尚書中的周公》，頁 168。其下尚引《逸周書・度邑》爲證，並云周武王囑意周公旦繼位，承續祖德顯義，接替他的環節以應乎無窮。

〔註 49〕詩云：鴟鴞鴟鴞，既取我子，無毀我室。恩斯勤斯，鬻子之閔斯。迨天之未陰雨，徹彼桑土，綢繆牖户。今女下民，或敢侮予？予手拮据，予所捋荼。予所蓄租，予口卒瘏，曰予未有室家。予羽譙譙，予尾翛翛，予室翹翹。風雨所漂搖，予維音嘵嘵！

〔註 50〕見杜氏：〈尚書中的周公〉，頁 184。

〔註 51〕同前注，頁 185～186。

而皮氏所引之證據，以《尚書大傳》爲說，輔以《史記・魯世家》、《論衡・感類篇》之文，以證今文家所言「天大雷電以風，禾盡偃，大木斯拔」之史實，當爲周公死後之事，成王疑葬以「臣禮」或「天子禮」也。然蔣善國先生言：「《魯周公世家》末段和《尚書大傳・金縢傳》所載，當根據〈亳姑〉。〈亳姑〉原文雖亡，可是根據〈書序〉說：『周公在豐，將沒，欲葬成周。公薨，成王葬於畢，告周公，作〈亳姑〉。』正是葬疑的傳說。《尚書大傳》裡面的〈金縢傳〉可能是〈亳姑傳〉的誤寫。〈金縢〉和〈亳姑〉所載的周公，雖生死不同，可是風雷示變和有關人物卻都相同，原易混誤。……今文家認爲〈金縢〉是葬疑，當根據這段《尚書大傳・金縢傳》，不過〈金縢傳〉也許原是〈亳姑傳〉，被西漢《今文尚書》輾轉傳寫，誤作〈金縢傳〉。」〔註 52〕故綜上所論，「雷電以風，成王感悟」事或如蔣氏所言，乃《尚書大傳・金縢傳》誤植《亳姑傳》，而皮氏既據《尚書大傳》爲說，則必沿《大傳》之誤，其後如《尚書・洪範・五行傳》、《史記・魯世家》、《白虎通・封公侯篇》、《漢書・儒林傳》、《漢書・梅福傳》、《後漢書・周舉傳》等，皆從《尚書大傳》之說法，故可視爲今文家說最初之義，惟《論衡・感類篇》則並存今古文之說。

從以上所論，則皮氏考證三代史實，以之爲「今文家」之說法則可，以之爲三代眞史實則未必如是也。筆者以爲，皮氏之所以有如此論斷，其原因主要爲：學術立場的限制。皮氏此書既以明伏生之學爲目的，其舉證必以伏生《尚書大傳》爲依歸，而兩漢之解《尚書》者，亦在「師法」、「家法」的治經原則下，爲皮氏所擇用。皮氏嘗云「解經當實事求是，不當黨同妒眞」〔註 53〕惟此「是」之義，當指伏生今文家一脈所謂者爲「是」，而古文家所言能被納入今文家之「是」，而不被「黨同妒眞」者，就皮氏全書之考證論述而言，恐只如其凡例所言「字體或依古本，訓辭仍襲今文」〔註 54〕一條，最爲明確，皮氏自注云：「今文有譌俗，不妨以古文參考。然古文無說解，劉歆、衛、賈皆不足據，說解應仍用三家今文，兼採所長，乃爲盡善。」對於古文家之解說，其基本態度仍是「一以與今文異同爲斷」，〔註 55〕僅採取合於今文家之說法。此原則誠能達到「明師法」「守顓門」，「傳家法則有本

〔註 52〕見蔣善國撰：《尚書綜述》，頁 235～236。

〔註 53〕見皮氏：《考證・凡例》頁 6。

〔註 54〕同前注，頁 5。

〔註 55〕見皮氏：《考證》，頁 6。

原，守顓門則無淆雜」之效用，卻也容易造成對尚書說解之偏頗，導致見樹不見林的毛病。故筆者以為：基於學術立場的限制，皮氏《今文尚書考證》一書在處理今古文之材料時，尚無法全面達到「實事求是」，而不「黨同妒真」的標準，只能在《尚書》文字之使用上，由於今文之訛俗，得以古本之文字以正之，其說解仍以今文為主。雖如此，但在今文家法之考證上，確能達到追本溯源於西漢今文家義的效用。

第三節　《今文尚書考證》之考證方法

皮氏於考證《今文尚書》之方法，大抵散見於對字、詞、制度、事實等方面之考證上，尤以清朝在歷經清初迄乾嘉考據學之蓬勃發展下，前輩學者對於考證之方法發明甚多，其成就甚有功於後學者。皮氏嘗云：「國朝經師有功於後學者有三事：一曰輯佚書，……抱闕守殘，得窺崖略，有功後學者……一曰精校勘……刊誤訂譌，具析疑滯，有功後學者……一曰通小學……小學兼聲音故訓……有功於後學者。」〔註 56〕故皮氏大抵援用前賢治經之法，用以探《今文尚書》之本。今將皮氏用於《今文尚書考證》之考證方法予以歸納整理，並略舉數例如下：

一、從語（文）法考證

皮氏從漢人用語之語（文）法以證今古文之不同，如《尚書・洪範》：「惟辟作福，惟辟作威，惟辟玉食。臣無有作福、作威、玉食，臣之有作福、作威、玉食，其害于而家，凶于而國。」皮氏云：「漢人引《書》皆先『威』後『福』，史公獨先『福』後『威』，或三家之文不同，或亦《鴻範》古文說之一歟？」〔註 57〕皮氏以為一般漢朝之著作皆先「威」而後「福」，故兩漢今文當作此解，而於《史記》之與漢朝著作不同者，則以為「或三家之文不同」或「古文說之一歟」，並引證言之，蓋於無法確知之部分，皮氏仍本前述「闕疑」之考證原則以處理。皮氏所引「先福後威」之例有二，「先威後福」之例有十二，〔註 58〕今略引如下：

〔註 56〕見皮氏：《經學歷史》（台北：藝文印書館，民國 85 年 8 月初版 3 刷），頁 363～365。
〔註 57〕見皮氏：《考證》，頁 262。
〔註 58〕見皮氏：《考證》，頁 262～263。

《史記》曰：「惟辟作福，惟辟作威，惟辟玉食。臣毋有作福、作威、玉食，臣有作福、作威、玉食，其害于而家，凶于而國。」

漢武帝《封廣陵王策》引《書》云：「臣不做福、不做威。」

以上二例，先「福」後「威」。

《漢書・王嘉傳》嘉奏封事曰：「臣聞箕子戒武王曰：『臣亡有作威、作福，亡有玉食。臣之有作威、作福、玉食，害于而家，凶于而國，人用側頗辟，民用僭慝。』言如此則逆尊卑之序，亂陰陽之統，而害及王者，其國極危。國人傾仄不正，民用僭差不壹，此君不由法度，上下失序之敗也。武王躬履此道，隆及成康。」

《後漢書・荀爽傳》爽引〈洪範〉曰：「『惟辟作威，惟辟作福，惟辟玉食。』此三者君所獨行而臣不得同也。今臣僭君服，下食上珍，所謂害于而家，凶于而國者也。」

高誘《戰國策・注》引《書》曰：「无有作威作福。」

《三國志・蔣濟傳》濟對曰：「夫作威、作福，《書》之所戒也。」隋梁毗〈論楊素封事〉曰：「臣聞：臣無有作威福，臣之作威福，其害于而家，凶于而國。」是隋人所據之本，猶有先「威」後「福」者。

以上五例，先「威」後「福」者，其餘之例見皮氏《考證》一書，不具引。

又，皮氏於〈洛誥〉文「戊辰，王在新邑，烝，祭歲，文王騂牛一，武王騂牛一。王命作冊逸祝冊」下之考證，採《漢書・律曆志》之文曰：「是歲十二月戊辰晦，周公以反政，故〈洛誥〉曰：『戊辰，王在新邑，烝，祭歲，命作策。惟周公誕保文武受命，惟七年。』」又曰：「成王元年正月己巳朔，此命伯禽俾侯于魯之歲也。」並云：「班《志》所引乃劉歆《三統術》。……劉云『成王元年正月己巳朔』者，乃曆家推朔之文，……非以元年正月己巳朔爲命伯禽俾侯于魯之日也。」〔註59〕蓋以劉氏所言當非成王元年也。其後並從古人爲文之法加以考證，並駁斥鄭玄以命伯禽即爲成王元年之誤，因鄭玄以「烝祭」上屬，「歲」下屬於「文王騂牛一」，於文法之解釋上甚爲不通，

〔註59〕見皮氏：《考證》，頁353。皮氏云：「劉以『烝，祭歲，命作策』，爲一時之事，在攝政七年十二月戊辰晦，伯禽於十二月晦始受策，則是年不得就國，故俾侯于魯在成王元年。劉云「成王元年正月己巳朔」者，乃曆家推朔之文。又云伯禽侯魯者，乃舉是年大事以祭歲之法，故云：「伯禽俾侯于魯之歲」，非以元年正月己巳朔爲命伯禽俾侯于魯之日也。」

皮氏考證云：

> 茲以經文考之，經云「戊辰」，有日無月，「在十有二月」，有月無年，於末結之曰：「惟七年」，則當爲七年十二月戊辰日無疑。古人文法多倒裝，故先日、次月、又次年。「王命周公後」四句，文法一氣，命後作策，文已見前。然封周公乃大事，故又複舉其文，云「王命周公後，作策逸誥，在十有二月」。據此文，足知此篇以上皆周公居攝時事，以下則周公致政後事。故下〈多士〉篇首即變其文云「周公誥商王士。王若曰」，異於前之周公稱王。此古史之文所以簡而明也。若以今人文法例之，則當以「十有二月」列「戊辰」之上，而以七年冠於篇首。然《尚書》二十九篇，惟〈洪範〉、〈金縢〉篇首冠以年，而年月日不悉具，則古史書事與今人異，「十有二月，惟七年」，其爲倒裝文法無疑矣。〔註60〕

以上爲皮氏以語（文）法考證之例。

二、從用字考證

皮氏嘗用許多兩漢著作之用字以考證《今文尚書》之用字，或三家今文用字之不同，蓋皮氏以爲兩漢之說，去伏生古義最近，反覆參校，當可得其實也，故《今文尚書考證》一書大量引用了兩漢今文家之著作，其中又以《史記》、《白虎通》、《論衡》爲最，《漢書》、《後漢書》之引用亦夥，魏、晉、隋、唐以後之著作又次之，惟清代之學者於《尚書》之考證成就頗高，故引爲佐證者亦多。此方法在皮氏著作中經常出現，可說是最直接、最常見之方法。今略舉其例一、二以明之：

《尚書‧堯典》云：「禋于六宗」，皮氏《考證》以爲《今文尚書》有作「禋」、「湮」、「煙」三種者，並分別於其下引書以明之，皮氏云：「《今文尚書》亦作『禋于六宗』。《史記‧堯本紀》、〈封禪書〉、《漢書‧郊祀志》、〈王莽傳〉、〈敘傳〉、《後漢書‧光武帝紀》、《說苑‧辨物篇》、《論衡‧祭意篇》引皆作「禋」。……一作『湮于六宗』。案：《今文尚書》一作『煙』，蓋假借字。《大傳》曰：『萬物非天不生，非地不載，非春不動，非夏不長，非秋不收，非冬不藏，故《書》曰：「湮于六宗」，此之謂也。』……一作『煙于六

〔註60〕見皮氏：《考證》，頁354。

宗』。……《周禮》：『以禋祀祀昊天上帝。』鄭注云：『禋之言煙，周人尚臭，煙氣之臭聞者。』是鄭據《書》『煙于六宗』之文以注《禮》也。《東觀漢記》曰：『光武即帝位，燔燎告天，禋于六宗』〔註61〕此皮氏引兩漢之著作以證今文之用字，大體上，絕大多數兩漢著作皆作「某」字者，則皮氏必據以論斷該字今文作「某」，否則，即論述其用字不同之原因。

又如《尚書・文侯之命》：「昭升於上，敷聞在下。惟時上帝，集厥命于文王。」皮氏以爲今文「升」作「登」，「敷」作「布」；「敷聞在下」一作「鋪聞在下」或「傳聞在下」，並於其下分別舉例以證：〔註62〕

> 《史記》曰：「昭登于上，布聞在下。維時上帝，集厥命于文王。」……班固《典引》曰：「昭登之績。」蔡邕注云：「《尚書》曰：『昭登于上。』」段玉裁說：「此今文《尚書》也。如『升鼎耳而雊』，《史記》、《漢書》皆作『登鼎耳』。凡古文作『升』，凡今文作『登』也。」……蔡邕《太尉汝南李公碑》曰：「懿鑠之美，昭登于上。」伯喈用今文作「登」，與《典引注》合。史公「敷」作「布」，蓋用今文，如《禹貢》「竹箭既布」之例。

以上爲「升」——「登」；「敷」——「布」之例。

> 班固《典引》曰：「昭登之績，匪堯不興，鋪聞遺策，在下之訓，匪漢不弘。」段玉裁說：「今文《尚書》作『登』、『鋪』，古文《尚書》作『升』、『敷』。鋪聞即敷聞也。」……蔡邕《太尉楊公碑》曰：「敷聞于下，昭升于上。」作「升」、「敷」，與伯喈引用今文不合，乃後人以古文《尚書》改之。

以上皮氏論今文一作「鋪聞在下」例。

> 《後漢書・東平憲王傳》曰：「傳聞在下。」侯康說：「考古文『敷』字，今文多作『傳』。〈禹貢〉『禹敷土』，〈洪範〉『用敷錫厥庶民』、『皇極之敷言』，《史記》俱作『傳』，〈堯典〉『敷奏以言』，〈皋陶謨〉『敷納以言』，《漢書・文帝》、〈宣帝〉、〈成帝紀〉俱作『傳』可證。則『傳聞在下』乃今文也。」

以上皮氏論今文一作「傳聞在下」之證也。

〔註61〕同前注，頁50～51。
〔註62〕以下所引之例，皆見皮氏：《考證》，頁463。

三、從文詞的解釋考證

皮氏對於今文《尚書》亦有從「文詞的解釋」上考證的。皮氏試圖從文詞的解釋發明中證明今文《尚書》義當作如此。如：《尚書・洪範》：「庶民惟星，星有好風，星有好雨。日月之行，則有冬有夏，月之從星，則以風雨。」在用字上，皮氏以《史記》爲證：「庶民惟星，星有好風，星有好雨。日月之行，有冬有夏。」〔註63〕然則「星」者何謂？皮氏引《史記集解》馬融說：「箕星好風，畢星好雨。」用以解釋「星」爲「畢星」與「箕星」。又何以「箕星好風，畢星好雨」？皮氏則引《漢書・天文志》從星象的角度來解釋：箕星爲東北之星，地事天位，爲風，月離於箕則多風；畢星爲西方之星，少陰之位，爲雨，月移而西入畢則多雨。《漢書・天文志》並進一步引《星傳》之語來說明：

> 故《星傳》曰：「南入牽牛南戒，民間疾苦疫；月北入太微，出坐北，若犯坐，則下人謀上。」一曰月爲風雨，日爲寒溫。冬至日極南，晷長；南不極，則溫爲害。夏至日北極，晷短；北不極，則寒爲害。故《書》曰『日月之行，則有冬有夏』也。政治變於下，日月運於上矣。

此則以日月星辰之運行與人事之現象相牽合，以解釋星之有變化，正如同人之有偏好，其義乃欲人君爲政時，需注意人民之需求。故其下復舉《漢書・谷永傳》、《鹽鐵論・論菑篇》、荀悅《漢紀》、《風俗通・祀典篇》等書以爲補充說明。如《漢書・谷永傳》云：「星辰附離於天，猶庶民附離於王者也。」

又《尚書・金縢》：「王出郊，天乃雨，反風，禾則盡起。」皮氏於考證「出郊」之義時，以《史記》之說爲證，以爲《史記》解「出郊」之義爲「郊祭」，故今文說當作「郊祭」解，〔註64〕其作「郊祭」解之原因爲：「因郊祭止天變，遂賜魯郊」，又「《洪範五行傳》、《白虎通》、《公羊解詁》其說皆同」。今按：《史記・周本紀》云：「王出郊，天乃雨，反風，禾盡起。二公命國人，凡大木所偃，盡起而築之。歲則大熟。於是成王乃命魯得郊祭文王。魯有天子禮樂者，以褒周公之德也。」則史公明言「郊祭」之義。皮氏又舉：「《後漢書・和帝紀》詔曰：『成王出郊而反風。』注云：『王乃出郊祭天，事見《尚書》。』是其明證。」〔註65〕解釋「出郊」之義。至此，則皮氏解「出郊」爲

〔註63〕見皮氏：《考證》，頁272～273。下引同。
〔註64〕説見皮氏：《考證》，頁303。
〔註65〕説見皮氏：《考證》，頁303。

「郊祭」當無疑義。

惟今文家似有解「出郊」爲「觀變」者，說見《論衡》，故皮引而附之，以見今文家解義之不同。《論衡・感類篇》云：「開匱得書，見公之功，覺悟泣過，决以天子禮葬公。出郊觀變，天止雨，反風，禾盡起。」皮氏曰：「王仲任以『出郊』爲觀變，不以爲郊祭，三家異說不同。」此皮氏從《史記》、《後漢書》、《論衡》對文辭之解釋加以彙整，以得出今文家（並今文異說）之說法，此從文義之解釋以考證今文之說。

四、從音韻訓詁考證

《尚書・無逸》：「作其即位，乃或亮陰。」皮氏云：「今文作『乃有亮闇』……一作『梁闇』……一作『諒闇』……一作『諒陰』……一作『涼陰』……」〔註66〕並舉段玉裁之說曰：

> 諒、涼、亮、梁，古四字同音，不分平仄也。闇、陰，古二字同音，在侵韻，不分侵、覃也。《大傳》釋梁闇爲居廬。鄭注：「闇讀如鶉鵪之鵪，謂廬也。」其注《禮記》、《尚書》皆用《大傳》說。上字讀爲梁，讀爲者，易其字也；下字讀如鵪，讀如者，釋其音也。〈大雅〉「涼彼武王」，《韓詩》作「亮」。《白虎通》釋「禪於梁甫」之義云：「梁，信也。」然則古同音通用之法可見矣。〔註67〕

皮氏以段玉裁釋「古同音通用」之理以證今文《尚書》「諒、涼、亮、梁」四字同音通用。皮氏並云：「同聲通用，段說得之。而《尚書》之義，則當本作『梁闇』，伏生《大傳》用其本字，其或作『諒』、『涼』、『亮』，或作『陰』者，皆字之假借也。……漢人舊說皆以梁闇爲居喪，惟馬〈注〉解爲信默，蓋誤認假借之字爲本字。鄭不從馬而從伏，最爲卓見。」〔註68〕蓋以今文《尚書》雖「諒、涼、亮、梁」四字同音通用，然據伏生《大傳》，則「梁闇」當爲本字也。

又《尚書・立政》：「謀面用丕訓德，則乃宅人，茲乃三宅無義民。」皮氏云：「今文『謀』上有『亂』字。」並舉漢《石經》「亂謀面用【下闕】」以爲證，並舉江聲之訓曰：

〔註66〕見皮氏：《考證》，頁366～367。
〔註67〕見皮氏：《考證》，頁366～367。
〔註68〕同前引書。

> 丕讀曰不，古者丕與不通。下文云「用僉人不訓德」，此云「亂謀面用丕訓德」，丕之誼爲大，既言亂謀，則不得言向用大順之德，自當如下文所云「不訓德」，乃始允當也。訓，順；《廣雅》文。《周頌·烈文》：「四方其訓之。」〈箋〉云：「天下諸侯，順其所爲。」是訓爲順也。義讀如儀。此言若惑亂其謀，向用不順之德，居其人於位，如此則三宅之官無以儀型於民矣。〔註69〕

皮氏以江聲之解「丕」爲「不」；「訓」爲「順」其義是也。而解「亂」爲「惑亂」；「義」爲「儀型」，則猶有未當。故皮氏云：「江說是也。而以亂爲惑亂，義爲儀型，則猶未當。亂，語詞，與率通。〈梓材〉『厥亂爲民』，《論衡》作『厥率化民』，是其證。『亂謀面用不訓德』，謂率謀向用不順德也。不順德，謂不賢之人。義民猶民儀，謂賢者。義當讀爲儀，儀訓爲賢，非儀型於民之謂。」〔註70〕

皮氏以《論衡》引《尚書》「厥率化民」爲「厥亂爲民」，〔註71〕並舉段玉裁之說：「率古讀如律，與亂雙聲，且古文作䜌，與率相似」，〔註72〕故今文當以「率」解「亂」也。而就上下文義而言，「義」訓爲「賢」，皮氏謂：「向用不賢之人，此乃三度無賢矣者。」〔註73〕亦當爲今文之正解。

五、用推論的方法考證

皮氏於考證今文《尚書》時，若無直接之明證，則以間接之文獻爲據，加以推論，以得出今文家說。如《尚書·顧命》：「惟四月哉生魄，王不懌。」皮氏云：「今文作『哉生霸，王有疾，不豫』。」其下復引《漢書·律曆志》所引之劉歆《三統曆》說曰：「成王元年正月己巳朔，此命伯禽俾侯于魯之歲也。後三十年四月庚戌朔，十五日甲子哉生霸。故〈顧命〉曰：『惟四月哉生霸，王有疾，不豫。甲子，王乃洮沬水，作〈顧命〉。』」皮氏以劉歆之《三

〔註69〕以上所引，見皮氏：《考證》，頁405。

〔註70〕見皮氏：《考證》，頁405。

〔註71〕《論衡·效力篇》云：「博達疏通，儒生之力也。舉重拔堅，壯士之力也。〈梓材〉曰：『彊人有王開賢，厥率化民。』此言賢人亦壯彊于禮義，故能開賢，其率化民。化民須禮義，禮義須文章。『行有餘力，則以學文』，能學文，有力之驗也。」引自黃暉撰：《論衡校釋》（北京：中華書局，1990年2月第一版，1996年11月北京第三次印刷），頁579～580。

〔註72〕見皮氏：《考證》，頁380。

〔註73〕見皮氏：《考證》，頁405。

統曆》爲依據，推論兩件事情：其一，哉生霸之日與劉歆云「十五日甲子」非同一日；其二，成王二十八年崩，與鄭玄說同，與劉歆說異。

皮氏論「哉生霸」之日云：「《說文》月部云：『霸，月始生霸然也。承大月二日，承小月三日。《周書》曰：『哉生霸。』古文霸，爲古文，則今文作霸。一作『載生魄』，《漢書・王莽傳》作『載生魄』，假借字也。《禮記・鄉飲酒義》曰：『月三日則成魄。』《推度災》曰：『月三日成魄，八日成光。』《援神契》曰：『月三日而成魄，三月而成時。』《白虎通・日月篇》曰：『三日成魄，八日成光。』揚子《法言・五百篇》曰：『月未望則載魄於西，既望則終魄於東。』今文說皆以月初生明爲魄，與許君古文說不異，惟《漢書・律曆志》引《三統術》曰：『死霸，朔也。生霸，望也。』孟康曰：『月二日以往，明生魄死，故言死魄。破，月質也。』此劉歆異說，與古經傳不同。」〔註 74〕是以《禮記》、《說文》之古文家與緯書《推度災》、《援神契》之今文說同。故皮氏之推論云：

> 劉歆以爲十五日甲子哉生霸，則與古義大異，與經義亦不相符。經云：「惟四月哉生霸，王有疾，不豫。甲子，王乃洮沬水。」則甲子與哉生霸之日必非一日。若甲子即是哉生霸之日，則於是日得疾，即於是日作〈顧命〉，無此急遽之事。若謂成王以暴疾猝崩，又何云「病日臻，既彌留」乎？然則劉歆所引經雖爲今文《尚書》，而其自爲之說，殆不可據。〔註 75〕

此亦即皮氏所言「古文無說解」，其「說解必據今文」之一證。

又《尚書・立政》篇云：「乃敢告教厥后，曰：『拜手稽首后矣。』曰：『宅乃事，宅乃牧，宅乃準，茲惟后矣。（亂）謀面用丕訓德，則乃宅人，茲乃三宅無義民。』」皮氏引《石經》以證今文「宅」作「度」，「準」作「辟」，謀面之前多一「亂」字。〔註 76〕並引江聲之說，言其說有未盡者，〔註 77〕後言其推論之過程曰：

> 〈立政〉一篇，篇首文法與他篇迥異，而與此上文云：「乃敢告教厥后，曰：拜手稽首后矣」文法大同。蓋夏臣本有此告君之詞，周公

〔註 74〕見皮氏：《考證》，頁 307。

〔註 75〕見皮氏：《考證》，頁 413。

〔註 76〕同前引書，頁 405。

〔註 77〕說見前：四、從音韻訓詁考證。

> 法之，以戒成王。公所以法夏者，夏與周同尚文，見《春秋繁露》、《白虎通》諸書可據。殷人尚質，或無此詞。故公舉夏臣告君之詞，不及殷也。於夏舉其告君之詞，於殷舉其用人之政，亦詳略互見之法。此經自「曰度乃事」以下，皆引夏臣告君之詞。夏臣蓋謂：「能度乃任事者，度乃牧民者，度乃執法者，此爲君之道矣。若率謀向用不賢之人，則乃度人，此乃所度之任事者、牧民者、執法者，皆無賢者矣。」蓋反復言之以盡義，周公舉之爲後法也。今文說雖不傳，經義似當如此。解者不知此三句有夏臣告君之詞，故多不可通。〔註 78〕

此皮氏以爲今文說於此義之說解雖不傳，然就所引推論，「度乃事、度乃牧、度乃準」三句當爲夏臣告君之詞，周公舉之以爲後法，明此，則文義方可通也。

六、引緯書、漢碑資料作考證

皮氏於考證今文《尚書》時，所引用之資料有兩樣在當時是比較特別的：一是緯書，一是漢碑。前者所以爲皮氏所採用，其原因有二：其一，緯書多存漢人經說，尤多與今文相合，後世解經，不得不引。其二，西漢崇經術、重儒臣，而讖緯在漢代有「借天象以示儆」之義，且「實有徵驗」，「亦漢時實行孔教之一證」。〔註 79〕故皮氏亦撰有《尚書中侯疏證》一書。而後者之可據，乃因漢碑之於研究漢代經學實有六善：足以抉漢代經學之微，其善一也；足以通漢代經文之訓詁，其善二也；足以廣先漢遺說之義，其善三也；足以勘正經傳之誤讀，其善四也；足以訂經傳傳授之譌，其善五也；足以徵一代之典制，其善六也。〔註 80〕故皮氏亦嘗撰有《漢碑引經考（附引緯考）》一書。因漢代史料之存於當時者，漢碑實堪爲第一手之資料，「翠琬鐫文，必非鄉壁虛造，青編落簡，實藉磨崖表遺」。〔註 81〕二者於校讎西京之典籍、輔助西京之經說，實具千金之功。今引皮氏於考證《今文尚書》時所引漢碑、緯書之數例於下：

〔註 78〕見皮氏：《考證》，頁 405。

〔註 79〕見本書第二章第二節所論。

〔註 80〕見皮氏：《漢碑引經考・序》，收於《皮鹿門年譜》（皮民振撰，台北：台灣商務印書館，民國 70 年 12 月初版），頁 92～94。

〔註 81〕同前注。

1. 《尚書・立政》:「周公曰:『嗚呼!休茲,知恤鮮哉!』」皮氏考證云:「今文『嗚呼』作『於戲』。《石經》於下文作『於戲』,此亦當同⋯⋯錫瑞謹案:蔡邕《太尉楊公碑》曰:『庶尹知恤。』《司空文烈侯楊公碑》曰:『帝以機密齋栗,常伯劇任,鮮克知臧,以釐其采。』乃用『知恤鮮哉』之義。近人訓顯爲斯,雖可通,而非古義。」〔註 82〕

2. 《尚書・堯典》:「至於岱宗,柴。」皮氏以今文作「柴」、亦作「祡」,其所引之漢碑爲證者有二,皮氏云:「樊毅《修華嶽碑》云:『故帝舜受堯曆數,親自巡省,設五鼎之奠,祡燎壐埋。』此今文作『祡』之證。而漢人引經亦作『柴』者,漢時通行今文,取其便俗,故中有俗字。《西嶽華山碑》云:『五歲壹巡狩,皆以四時之中月,各省其方,親至旗山,柴祭燔燎。』此石刻之可據者。」

3. 《尚書・堯典》:「曰若稽古,帝堯,曰放勳。」皮氏於帝堯下云:「《璇璣鈐》曰:『帝者,天號;王者,人稱。在政不私公位,稱之曰帝。』《樂稽耀嘉》曰:『德象天地爲帝,仁義所生爲王。』」以明堯稱帝者何。又,於此文之句讀,皮氏亦引緯書以論,皮氏云:「《史記》云:『帝堯者,放勛。』則當以『帝堯曰放勛』五字爲句。而《考河命》曰:『若稽古帝舜。』《契握》:『若稽古王湯。』《擿雒戒》曰:『若稽古周公旦。』皆連『若稽古』三字成文,則今文家亦或以『曰若稽古帝堯』六字爲句。蓋『帝堯』二字上屬下屬義皆可通,故《大戴禮》以『曰放勳』三字爲句。《考靈耀》曰:『放勛欽明文塞晏晏。』亦以『放勛』下屬爲句也。」〔註 83〕

4. 《尚書・堯典》:「師錫帝曰:『有鰥在下,曰虞舜。』」皮氏以漢碑、緯書並舉以證「師錫帝曰」當解爲「眾進帝(堯)曰」。皮氏考證曰:「《史記》曰:『眾皆言於堯曰。』《潛夫論・潛歎篇》曰:『故堯參鄉黨以得舜。』則師即鄉黨也。蔡邕《九疑山碑》曰:『師錫帝世,堯乃授徵。』汝南《周巨勝碑》曰:『聖上諮詢師錫。』漢獻帝禪位冊曰:『師錫帝命。』崔駰《太尉箴》曰:『師錫有帝,命虞作尉。』〔註 84〕⋯⋯《尚書中候》曰:『伯禹在庶,四嶽師舉薦之。』〈注〉曰:『四嶽,四方諸侯也。師,眾也。薦,進也。』此師錫

〔註 82〕見皮氏:《考證》,頁 404。

〔註 83〕見皮氏:《考證》,頁 5。

〔註 84〕皮氏以「命虞作尉」爲「蓋用緯書,舜爲太尉之說」,案:《尚書中侯》云:「稷爲大司馬,舜爲太尉」;《春秋運斗樞》云:「舜以太尉之號即天子」。蓋即此之謂也。

與師舉義同。」〔註85〕

以上本章所論，針對皮錫瑞對於《今文尚書》所載之名物、制度以及《今文尚書》所論之三代史實的考證上，加以分析整理，最後並對皮氏用於《今文尚書考證》之考證方法予以歸納整理。基本上，皮氏對於《今文尚書》所載之名物制度的考證成果，論述嚴謹，脈絡明晰，觀其所論，可得西漢今文家一脈的說法，而對三代史實之考證，亦符合兩漢今文經說之眞，惟不可妄據以爲三代之眞史實也。

〔註85〕見皮氏：《考證》，頁35。

第六章　結　論

皮氏《今文尚書考證・凡例》云：「自獲麟奮筆，刪《書》百篇。祖龍燔經，烈火一炬。憖遺一老，肇啓三家。漢代今文，泲南爲盛。雖復河內屋壁，搜魚鳥之墜文；廟堂金絲，發科斗之奇字。而或僞眞莫辨，傳注全無。是以兩百餘年不參異義，十四博士合爲通家。」〔註1〕蓋以《尚書》訂自孔子，自秦火一炬，惟伏生始傳《尚書》，傳其學者，有歐陽生及大小夏侯三家，咸立於學官，是爲今文之學。迨漢魏間，鄭王之注盛行，其學漸微；至永嘉之亂，則並亡矣。及東晉梅賾獻《僞孔傳》，唐孔穎達據東晉梅賾之《僞孔傳》以作《正義》，於是僞孔之書定於一尊。伏生所傳《尚書》之義，遂淪而不明。

故皮氏著《今文尚書考證》一書，實以「墙守伏義，證明今文」爲撰作之目的。今綜上所論，吾人對於皮錫瑞之《尚書》學要旨，已有概括之認識，並獲致幾項結論如下：

一、嚴明師（家）法，考鏡源流

清代《尚書》學之發展，自清初「回歸原典」的探求以來，由古文《尚書》之辨僞，進而考索伏生、三家之今文，皮氏嘗云：

> 蓋凡學皆貴求新，惟經學必專守舊。經作於大聖，傳自古賢。先儒口授其文，後學心知其意，制度有一定而不可私造，義理衷一是而非能臆說。世世遞嬗，師師相承，謹守訓辭，毋得改易。如是則經旨不雜而聖教易明矣。若必各務創獲，苟異先儒；騁怪奇以釣名，

〔註1〕見皮氏：《考證・凡例》，頁1。

恣穿鑿以標異；是乃決科之法，發策之文；侮慢聖言，乖違經義。
後人說經，多中此弊；漢世近古，已兆其端。〔註2〕

故皮氏以「明師（家）法」、「守顓門」的學術態度，於今文《尚書》之學術理路逐一考辨，條例嚴明，方法明確，使今文《尚書》之師說、家法昭然於是書，可說是條理分明、翔實精審，其目的在求「經旨不雜而聖教易明」也。王先謙氏於《今文尚書考證・序》云：「其條理今文，詳密精審，兼諸大儒之長，而去其弊。後之治今文者，得是篇爲前導，可不迷於所往。」誠爲的論。後人之研《尚書》者，讀皮氏《今文尚書考證》一書，即可知今古文別異之所在。

二、蒐羅今文，堪稱完備

皮氏《今文尚書考證》一書，在今文《尚書》學之著作中，書最後出，可說是集清人今文《尚書》之代表性著作。舉凡《尚書大傳》、《史記》、《白虎通》、《論衡》、《淮南子》、《漢書》、《後漢書》等兩漢史料、漢碑引《書》、緯候之引《書》者，乃至有清一代學者之論今文《尚書》義之著作，要皆在皮氏著作援引之列。皮氏於每條經文之下，必引證各項可得之資料，翔實考辨，分判異同，可說是最大限度的還原了漢初經傳及三家《尚書》之原貌。皮氏嘗云：

> 先具列《伏傳》、《史記》之說，字字遵信，加以發明。不可誤據後起之詞，輕疑妄駁。次則取《白虎通》及兩漢所引經說，加以漢碑所引之經，此皆當日通行之今文，足備考證。又次則取馬、鄭、僞孔，擇其善者，以今文爲折衷，合於今文者錄之，不合於今文者去之，或於〈疏〉引而加駁正。至蔡《傳》與近儒所著，則於義疏擇取其長；兩說相同，擇取其先，不合於今文者概置不取，以免轇轕，惟其說尤足惑人及人所誤信者，乃加辯駁，使勿迷眩。

因此，不論在字詞的考證，闕誤之釐正、乃至名物制度的考訂、三代史實之還原，皆可見皮氏考求今文大義用心之深。皮氏之孫名振嘗云其祖父：「平生學問，實萃此書。」〔註3〕實非過褒之言。

三、考證方法，未出乾嘉

皮氏治學之方法，大抵「挾乾嘉考據之法以治今文《尚書》」，其爲門人

〔註2〕見皮氏：《經學歷史》，頁142～143。
〔註3〕見皮民振撰：《皮鹿門年譜》（台北：台灣商務印書館，1981年），頁3。

陳紹箕《鑑古齋日記》作〈序〉時嘗言：

> 陳幼梅觀察同年，使子幹庭（紹箕）授業於予，予勉以讀有用之書，爲經世之學。日治《通鑑》、《通攷》，遇有心得，或有疑義，別紙錄出，爲加評閱，冀以推廣其說，而擴充其見識。久之，積成卷帙，……予惟善言古者，必皆驗於今。古人去今遠矣，論著取古人之善而褒之，取古人之惡而貶之，即榮於華衮，嚴於鈇鉞，於古人奚所增損。〔註 4〕

又觀其《今文尚書考證》之撰述內容，可知皮氏乃以「鈔錄排比」的方式爲其考證之基本方法。

皮氏以此種方法從「文法」、「用字」、「文辭的解釋」、「音韻訓詁」等方面，對今文《尚書》加以考證，「本漢人治經之法，求漢人致用之方」，〔註 5〕確能在考求今文尚書上達到相當程度的成就，惟在小學訓詁之考證上，皮氏多引前儒之達詁，其自身則多無發明，此蓋以其考證之法，未出乾嘉門徑之所致也。

〔註 4〕陳紹箕撰，皮錫瑞序：《鑑古齋日記‧序》（北京：北京出版社，1997 年出版，收於《四庫未收書輯刊》第十輯第 7 冊），頁 1。

〔註 5〕見皮氏：《經學歷史》，頁 377。

附錄：皮錫瑞著作目錄

師伏堂叢書　台灣大學研究（善本）圖書館藏

《經學通論》，光緒 33 年湖南思賢書局刊本

《經學歷史》，光緒 32 年湖南思賢書局刊本

《尚書大傳疏證》，光緒 22 年師伏堂刊本

《今文尚書考證》，光緒 23 年師伏堂刊本

《尚書中侯疏證》，光緒 25 年湖南思賢書局刊本

《古文尚書冤詞平議》，光緒 22 年湖南思賢書局刊本

《孝經鄭注疏》，光緒 25 年湖南思賢書局刊本

《聖證論補評》，光緒 25 年師伏堂刊本

《六藝論疏證》，光緒 25 年湖南思賢書局刊本

《魯禮禘祫義疏證》，光緒 25 年湖南思賢書局刊本

《王制箋》，光緒 34 年湖南思賢書局刊本

《漢碑引經考》（附引緯考），光緒 30 年師伏堂刊本

《經訓書院自課文》，光緒 19、21 年師伏堂刊本

《師伏堂詠史》，光緒 30 年師伏堂刊本

《師伏堂詞》，光緒 30 年師伏堂刊本

《師伏堂駢文》，光緒 21、30 年師伏堂刊本

《師伏堂詩草》，光緒 30 年師伏堂刊本

皮氏經學叢書　中央研究院傅斯年圖書館藏

《經學通論》，光緒 33 年湖南思賢書局刊本

《經學歷史》，光緒 33 年湖南思賢書局刊本
《古文尚書冤詞平議》，光緒 22 年湖南思賢書局刊本
《尚書中侯疏證》，光緒 25 年湖南思賢書局刊本
《王制箋》，光緒 34 年湖南思賢書局刊本
《鄭志疏證》，光緒 25 年湖南思賢書局刊本
《聖證論補評》，光緒 25 年師伏堂刊本
《六藝論疏證》，光緒 25 年湖南思賢書局刊本

《尚書古文考實》，湖南思賢書局刊，光緒 22 年。原刻本現藏湖北圖書館（蔣秋華老師提供影本）。

《尚書大傳疏證》，影印光緒 22 年師伏堂刊本，續修四庫全書經部書類第 51 冊，上海：上海古籍出版社，1995 年 3 月。

《今文尚書考證》，影印光緒 22 年師伏堂刊本，續修四庫全書經部書類第 51 冊，上海：上海古籍出版社，1995 年 3 月。

《尚書古文疏證辯正》，影印光緒 23 年思賢講舍刻本，續修四庫全書經部書類第 51 冊，上海：上海古籍出版社，1995 年 3 月。

《尚書中侯疏證》，影印光緒 25 年師伏堂刊本，續修四庫全書經部書類第 55 冊，上海：上海古籍出版社，1995 年 3 月。

《王制箋》，影印光緒 34 年湖南思賢書局刊本，續修四庫全書經部禮類第 107 冊，上海，上海古籍出版社，1995 年 3 月。

《魯禮禘祫義疏證》，影印光緒 25 年湖南思賢書局刊本，續修四庫全書經部禮類第 112 冊，上海：上海古籍出版社，1995 年 3 月。

《春秋講義》，影印宣統 1 年鉛印本，續修四庫全書經部春秋類第 148 冊，上海：上海古籍出版社，1995 年 3 月。

《六藝論疏證》，影印光緒 25 年湖南思賢書局刊本，續修四庫全書經部群經總義類第 171 冊，上海：上海古籍出版社，1995 年 3 月。

《駁五經異議疏證》，影印民國 23 年河間李氏重刊本，續修四庫全書經部群經總義類第 171 冊，上海：上海古籍出版社，1995 年 3 月。

《鄭志疏證》，影印光緒 25 年湖南思賢書局刊本，續修四庫全書經部群經總義類第 171 冊，上海：上海古籍出版社，1995 年 3 月。

《經學歷史》，影印光緒 32 年湖南思賢書局刊本，續修四庫全書經部群經總義類第 179 冊，上海：上海古籍出版社，1995 年 3 月。

《經學通論》，影印光緒 33 年湖南思賢書局刊本，續修四庫全書經部群經總義類第 180 冊，上海：上海古籍出版社，1995 年 3 月。

《今文尚書考證》，盛冬鈴、陳抗點校，北京：中華書局，1989 年 12 月。

《經學通論》，台北：台灣商務印書館，1989 年 10 月。

《經學歷史》，周予同注本，台北：藝文印書館，1987 年 10 月。

《漢碑引經考（附引緯考）》，影印光緒 30 年師伏堂刊本，台北：文海出版社，1967 年。

《南學會講義》，影印光緒 28 年上海睡覺齋主人分類纂輯湘報，台北，大通書局，1968 年 12 月。

《師伏堂未刊日記》，《湖南歷史資料》刊行，1958 年第 4 期，1959 年 1～2 期，1981 年 2 期。（蔣秋華老師提供）。

《四庫未收書輯刊》，北京：北京出版社，1997 年。

《禮記淺說》，1997（第四輯第 5 冊）

《左傳淺說》，1997（第八輯第 2 冊）

《鑑古齋日記》，2000，（陳紹箕撰．皮錫瑞評，第拾輯第 7 冊）

※已刊今佚

《師伏堂講義》，皮嘉祐自刊，宣統元年

《發墨守》

《箴膏肓》

《釋廢疾疏證》，以上各一卷，湖南思賢書局刊，光緒 25 年。

《師伏堂筆記》，善化師伏堂排印，光緒 23 年；又長沙楊樹達積微居刻本一冊。

《蒙學歌訣》，長沙湘雅堂代刊，光緒 29 年。

《浙江宣平縣志》，光緒三年代鶴泉公纂修，卷數及刊刻年月未詳。

《九經淺說．禮記淺說》

《九經淺說．左傳淺說》以上二種光緒 25 年湖南思賢書局刊本

※未刊及已佚遺稿

《史記引尚書考》六卷，光緒 20～21 年作。

《兩漢詠史》一卷，光緒 21 年作。

《讀通鑑論史評》一卷，光緒 26 年作。

《史記補注》不分卷，光緒 25 年作。

《長蘆鹽法志》，光緒 29 年成例言 13 條，並擬作修志條議六則，志未成書。

《廣皮子世錄》，光緒 26 年作，擬刊未果。

《易林證文》，光緒 26 年作。

參考書目

一、皮錫瑞傳記資料

1. 《清儒學案・皮錫瑞》，徐世昌編纂，燕京文化事業有限公司，1976 年 6 月。
2. 《清皮鹿門先生錫瑞年譜》，台北：台灣商務印書館，1933 年 2 月。
3. 《清人文集別錄・皮錫瑞》，張舜徽撰，台北明文書局，1982 年 2 月。
4. 《清代樸學大師列傳・皮錫瑞》，支偉成著，湖南岳麓書社，1998 年 8 月。
5. 《近代名人小傳・皮錫瑞》，費行簡撰，收入《清代傳記叢刊》第 202 號，周駿富編，明文書局，1986 年 1 月。
6. 《戊戌變法人物傳稿・皮錫瑞》，湯志鈞撰，收入《清代傳記叢刊》第 063 號，周駿富編，明文書局，1986 年 1 月。
7. 《清儒學案小傳・皮錫瑞》，湯志鈞撰，收入《清代傳記叢刊》第 007 號，周駿富編，明文書局，1986 年 1 月。
8. 《碑傳集補・皮錫瑞》，湯志鈞撰，收入《清代傳記叢刊》第 122 號，周駿富編，明文書局，1986 年 1 月。
9. 《近百年湖南學風、湘學略》，錢基博、李肖聃撰，岳麓書社，1985 年。
10. 《清儒傳略・皮錫瑞》，嚴文郁編，台灣商務印書館，1990 年。
11. 《近代中國思想人物論・皮錫瑞》，張灝（等）著，時報文化出版，1981 年。
12. 〈皮鹿門先生傳略〉，佚名，《大陸雜誌》24 卷第 2 期，1962 年 1 月。

二、皮錫瑞相關論文

1. 《皮錫瑞經學史觀及其經學問題之探討》，許英才撰，政大中文研究所碩士論文，民國 81 年 6 月
2. 《皮錫瑞易學述論》，高志成撰，逢甲大學中文研究所碩士論文，民國 84 年 5 月。
3. 《皮錫瑞〈詩經通論〉研究》，胡靜君撰，逢甲大學中文研究所碩士論文，民國 85 年 5 月。
4. 《清末民初公羊學研究－皮錫瑞、廖平、康有爲》，丁亞傑撰，東吳大學中文研究所博士論文，民國 89 年 11 月。
5. 《通經致用一代師——皮錫瑞生平和思想研究》，吳仰湘撰，湖南：岳麓書社，2002 年 1 月。
6. 〈駁皮錫瑞六經出於孔說〉，時父撰，《東北大學周刊》103 期，1930 年 10 月。
7. 〈皮錫瑞經學通論書後〉，楊敏曾撰，《國風半月刊》五卷六、七期合刊，1934 年 10 月，頁 32～78。
8. 〈論皮錫瑞之經學〉，王韶生撰，《崇基學報》一卷一期，1961 年 7 月，頁 87～96。
9. 〈皮錫瑞詩經通論評介〉（上、下），趙制陽撰，《中華文化復興月刊》十四卷十、十一期，1981 年 10、11 月。
10. 〈讀皮錫瑞經學歷史書後〉，蔡榮婷撰，《孔孟月刊》二十卷二期，1981 年 10 月，頁 52～55。
11. 〈皮錫瑞經學歷史析論〉，張火慶撰，《經學研究論集》，台北：黎明文化事業公司，1982 年 10 月，頁 331～343。
12. 〈皮錫瑞的經學歷史〉，孟子微撰，《藝林叢錄》，台北：谷風出版社，1986 年 9 月。
13. 〈皮錫瑞《南學會講義》探析〉，胡楚生撰，《第一屆國際清代學術研討會論文集》，民國 78 年，頁 107～122。
14. 〈皮錫瑞の學問と思想－清代湖南における公羊學〉，濱久雄撰，《大東文化大學紀要》第 29 號，1990 年 12 月，頁 55～75。（淡江大學日文研究所——劉怡君譯，筆者自存稿）
15. 〈皮錫瑞「魏晉爲經學中衰時代」觀點之述評〉，陳全得撰，《孔孟月刊》30 卷第七期，民國 81 年 3 月，頁 24～33。
16. 〈經學與政治——皮錫瑞學術思想初探〉，馮錦榮撰，《嶺南學報》（復刊號），民國 88 年 10 月，頁 481～500。
17. 〈皮錫瑞“年三十始治經”說辨誤〉，吳仰湘撰，《孔子研究》2003 年第

6期，濟南：齊魯書社，2003年。
18. 〈皮錫瑞與晚清教育變革〉，吳仰湘撰，《湖南師範大學社會科學學報》第30卷第3期，2001年5月。
19. 〈皮錫瑞"文明排外"思想論評〉，吳仰湘撰，《社會科學輯刊》2001年第4期，2001年7月。
20. 〈皮錫瑞南學會講學內容述論〉，吳仰湘撰，《江西社會科學》2002年第5期，2002年5月。
21. 〈論皮錫瑞變法思想的特色〉，吳仰湘撰，《船山學刊》2000年第3期，2000年9月。
22. 〈皮錫瑞的變法思想淺論〉，宋衛忠撰，《湘潭師範學院學報》1996年第4期，1996年7月。
23. 〈皮錫瑞變法思想淺論〉，馬少甫撰，《榆林高等專科學校學報》第12卷第3期，2002年9月。
24. 〈皮錫瑞《經學歷史》的編纂特點〉，馬少甫撰，《史學史研究》2003年第2期，2003年6月。
25. 〈皮錫瑞的"《春秋》非史"說與近代學術史上的《春秋》性質研究〉，晁天義、張仁璽撰，《西北第二民族學院學報》，2003年第4期，2003年9月。

三、一般專著

(一) 經　部

1. 《十三經注疏》，孔穎達等，台北：藝文印書館，1993年。
2. 《十三經注疏》(標點本)，孔穎達等，李學勤主編，北京：北京大學出版社，1999年12月。
3. 《四庫全書總目》，紀昀等，台北：藝文印書館，民國86年9月。
4. 《續修四庫全書總目提要·經部》，北京：中華書局，1993年7月。
5. 《書經集傳》，蔡沈，台北：世界書局，1980年。
6. 《尚書鄭注》，鄭玄注，王應麟輯，孔廣林增訂，台北：台灣商務印書館，民國54年。
7. 《欽定書經傳說彙纂》，清聖祖敕纂，台北：臺灣商務印書館(影文淵閣四庫全書本)，1978年。
8. 《尚書今古文注疏》，孫星衍撰·陳抗、盛冬鈴點校，北京：中華書局，1986年。
9. 《皇清經解尚書類彙編》，阮元，台北：藝文印書館彙編，1997年。

10. 《皇清經解諸經總義類彙編》，阮元，台北：藝文印書館彙編，1997年。
11. 《續經解尚書類彙編》，王先謙，台北：藝文印書館彙編，1997年。
12. 《續經解諸經總義類彙編》，王先謙，台北：藝文印書館彙編，1997年。
13. 《尚書古文疏證》，閻若璩，上海：上海古籍出版社（據上海圖書館藏，乾隆十年眷西堂刻本影印），1987年9月。
14. 《古史新證》，王國維，北京：清華大學出版社，1994年。
15. 《尚書覈詁》，楊筠如，台北：學海出版社，1968年。
16. 《尚書新証》，于省吾，台北：崧高書社，1985年。
17. 《今文尚書正僞》，李泰棻，台北：力行書局，1970年。
18. 《尚書正讀》，曾運乾，台北：洪氏出版社，1982年。
19. 《尚書注釋》，高本漢著、陳舜政譯，台北：國立編譯館，1970年。
20. 《尚書集釋》，屈萬里，台北：聯經出版社，1983年。
21. 《尚書類聚初集》，杜松柏編，台北：新文豐出版公司，1984年。
22. 《尚書虞夏書新解》，金景芳、呂紹綱，瀋陽：遼寧古籍出版社，1996年。
23. 《尚書文字校詁》，臧克和，上海：上海教育出版社，1999年。
24. 《尚書譯注》，李民、王健，上海：上海古籍出版社，2000年。
25. 《書集傳纂疏》，陳櫟，臺北：世界書局，民國75年。
26. 《書傳輯錄纂注》，董鼎，臺北：世界書局，民國75年。
27. 《書義矜式》，王充耘，臺北：臺灣商務印書館，民國72年。
28. 《書義斷法》，陳悅道，臺北：臺灣商務印書館，民國72年。
29. 《詩三家義集疏》，王先謙撰・吳格點校，台北：明文書局，1988年。
30. 《緯書集成》，安居香山、中村璋八編，石家莊：河北人民出版社譯，1994年12月，河北人民出版社刊行。
31. 《閻毛古文尚書公案》，戴君仁，台北：國立編譯館，1963年。
32. 《漢石經尚書殘字集證》，屈萬里，台北：中央研究院史語所專刊，1968年。
33. 《六十年來之尚書學》，許錟輝，（收在程發軔先生主編《六十年來之國學》第一部經學），台北：國立編譯館，1972年。
34. 《尚書論文集》，陳新雄、于大成編，台北：西南書局，1979年。
35. 《清代尚書學》，古師國順，台北：文史哲出版社，1981年。
36. 《史記述尚書研究》，古師國順，台北：文史哲出版社，1985年。
37. 《尚書研究論集》，劉德漢等著，台北：黎明文化公司，1981年。

38. 《尚書既見》，莊存與，收於《味經齋遺書》，清光緒 8 年陽湖莊氏重刊本。又見《續修四庫全書・經部・書類》44 冊，上海：上海古籍出版社，2002 年。
39. 《尚書引論》，張西堂，台北：崧高書社，1985 年。
40. 《尚書通論》，陳夢家，北京：中華書局，1985 年。
41. 《尚書研究》，朱廷獻，台北：臺灣商務印書館，1987 年。
42. 《尚書綜述》，蔣善國，上海：上海古籍出版社，1988 年。
43. 《尚書學史》，劉起釪，北京：中華書局，1989 年。
44. 《尚書學述》，李振興，台北：東大圖書公司，1994 年。
45. 《尚書源流及傳本考》，劉起釪，瀋陽：遼寧大學出版社，1997 年。
46. 《書序通考》，程元敏，台北：臺灣學生書局，1999 年。
47. 《經義考》，朱彝尊撰，北京：中華書局。（四部備要本），1998 年。
48. 《點校補正經義考》，朱彝尊原著，林慶彰等編審，馮曉庭等點校，中央研究院・中國文哲研究所，民國 86 年 6 月。
49. 《古文尚書冤詞》，毛奇齡，台北：臺灣商務印書館，民國 70 年。
50. 《中國經學史》，本田成之，台北：廣文書局，1990 年。
51. 《中國經學史》，馬宗霍，台北：臺灣商務印書館，1966 年。
52. 《兩漢經學今古文平議》，錢穆，台北：東大圖書公司，1978 年。
53. 《中國經學史的基礎》，徐復觀，台北：臺灣學生書局，1982 年。
54. 《周予同經學史論著選集》（增訂本），周予同撰・朱維錚編，上海：上海人民出版社，1983 年。
55. 《中國經學發展史論（上冊）》，李威熊，台北：文史哲出版社，1988 年。
56. 《經今古文學問題新論》，黃彰健，台北：中研院史語所專刊之七十九，1982 年。
57. 《經學史論集》，湯志鈞，台北：大安出版社，1995 年。
58. 《中國經學史論文選集》（上下冊），林師慶彰編，台北：文史哲出版社，民國 82 年 3 月。
59. 《兩漢經學史》，章權才，台北：萬卷樓圖書有限公司，民國 84 年。
60. 《清初的群經辨僞學》，林師慶彰，台北：文津出版社年，1990 年。
61. 《明代經學研究論集》，林師慶彰，台北：文史哲出版社，1994 年。
62. 《清代經學研究論集》，林師慶彰，台北：中研院中國文哲研究所，民國 91 年。
63. 《姚際恆研究論集》，林師慶彰、蔣秋華編，台北：中研院中國文哲研究所，民國 85 年。

64. 《乾嘉學者的義理學》，林師慶彰、張壽安主編，台北：中研院中國文哲研究所出版，民國 92 年。
65. 《經學史》，安井小太郎等著．連清吉、林師慶彰合譯，台北：萬卷樓圖書公司，1996 年。
66. 《許愼之經學》，黃師永武，台北：台灣中華書局，民國 61 年。
67. 《宋代經學之研究》，汪惠敏，台北：師大書苑，1989 年。
68. 《近代經學與政治》，湯志鈞，北京：中華書局，1989 年。
69. 《西漢經學源流》，王葆玹，台北：東大圖書公司，1994 年。
70. 《三禮通論》，錢玄，南京：南京師範大學出版社，1996 年。
71. 《禮經釋例》，凌廷堪著，彭林點校，台北：中研院中國文哲研究所，民國 91 年 12 月。
72. 《龔自珍學術思想研究》，張壽安，台北：文史哲出版社，民國 86 年 4 月初版
73. 《經籍會通》明．胡應麟等撰，王嵐，陳曉蘭點校，北京：北京燕山出版社，1999 年。
74. 《古微書》，孫瑴，濟南：山東友誼書社，1990 年。
75. 《漢代公羊學災異理論研究》，黃肇基，台北：文津出版社，1998 年 5 月。
76. 《清代公羊學》，陳其泰，北京：東方出版社，1997 年。
77. 《經學大要》，錢穆，台北：素書樓文教基金會，2000 年。
78. 《漢學商兌》，方東樹，台北：臺灣商務印書館，1977 年。
79. 《尚書學史》，劉起釪著，北京：中華書局，1989 年 6 月。
80. 《讖緯論略》，鍾肇鵬，瀋陽：遼寧教育出版社，1991 年。
81. 《易緯略義》，張惠言，台北：成文出版社，民 65 年。
82. 《讖緯與道教》，蕭登福，台北：文津出版社，2000 年。
83. 《書纂言》，吳澄，明嘉靖己酉顧應祥滇中刊本，國家圖書館善本書室微捲。
84. 《左海經辨》，陳壽祺，《續修四庫全書．經部．群經總義類》175 冊，上海古籍出版社，2002 年。
85. 《禮記集解》，孫希旦，台北：文史哲出版社，民國 79 年 8 月。
86. 《周予同經學史論著選集》，朱維錚，上海：上海人民出版社，1983 年。

（二）史　部

1. 《廿四史》，司馬遷等，北京：中華書局，1997 年。（校點本）

2. 《唐會要》（宋）王溥撰，收於《中國學術名著》，楊家駱主編，第 7 冊，臺北：世界書局，民國 49 年。
3. 《史記會注考證》，瀧川龜太郎著，台北：洪氏出版社，民國 75 年 9 月。
4. 《漢書補注》，王先謙，台北：藝文印書館，1955 年。
5. 《清史稿》，趙爾巽等，北京：中華書局，1977 年。（校點本）
6. 光緒重修《宣平縣志》，皮樹棠修撰，台北：成文出版社，1974 年。（影清光緒四年刊本）
7. 《清王葵園先生先謙自定年譜》，王先謙，台北：臺灣商務印書館，1978 年。
8. 《清王湘綺先生闓運年譜》，王代功述，台北：臺灣商務印書館，1978 年。
9. 《戊戌變法史》，湯志鈞，北京：人民出版社，1984 年。
10. 《戊戌變法人物傳稿》，湯志鈞，台北：明文書局，1985 年。
11. 《湘雅摭殘》，曾卓撰．丁葆赤標點，長沙：岳麓書社，1988 年。
12. 《中國文獻學新編》，洪湛侯，杭州：杭州大學出版社，1994 年。
13. 《清代學術文化史論》，王俊義、黃愛平，台北：文津出版社，1999 年。
14. 《周代城邦》，杜正勝，台北：聯經出版社，1979 年。
15. 《國朝漢學師承記》，江藩，北京：中華書局，1998 年。
16. 《翁註困學紀聞》，王應麟撰、翁元圻等注，台北：臺灣商務印書館，1978 年。
17. 《日知錄》，顧炎武，台北：文史哲出版社，1979 年。
18. 《僞書通考》，張心澂，上海：上海書店出版社，1998 年。
19. 《清儒學案》，徐世昌等編纂，台北：國防研究院，1967。
20. 《清儒學案新編》，楊向奎，濟南：齊魯書社，1994 年。
21. 《清儒學記》，張舜徽，濟南：齊魯書社，1991 年。
22. 《翼教叢編》，蘇輿編，《近代中國史料叢刊初編》第 65 輯第 647 冊，台北：文海出版社，1966 年。
23. 《先秦文史資料考辨》，屈萬里，《屈萬里全集》第 4 冊，台北：聯經出版公司，1983 年。
24. 《湘報類纂》，唐才常分類纂輯，台北：大通書局，1968 年。
25. 《郡齋讀書志》，晁公武，台北：廣文書局，民國 56 年。
26. 《近代中國史料叢編》，台北：文海出版社，民國 60 年。
27. 《古史續辨》，劉起釪，北京：中國社會科學出版社，1991 年 8 月。
28. 《近代名人小傳》，費行簡，台北：文海出版社，民國 56 年。

29. 《廖季平年譜》，廖幼平，成都：巴蜀書社，1985年。

（三）子　部

1. 《新編諸子集成》，楊家駱主編，台北：世界書局，1991年。
2. 《春秋繁露義證》，董仲舒撰・蘇輿義證，北京：中華書局，1992年。
3. 《説苑校證》，劉向撰・向宗魯校證，北京：中華書局，1987年。
4. 《論衡校釋》（附劉盼遂集解），王充撰・黃暉校釋，北京：中華書局，1996年。
5. 《白虎通義疏證》，班固撰・陳立疏證，北京：中華書局，1994年。
6. 《朱子語類》，朱熹，台北：商務印書館，1983年。
7. 《淮南子集釋》，何寧，北京：中華書局，1998年。
8. 《中國哲學史》，馮友蘭，台北：臺灣商務印書館，1989年。
9. 《中國近三百年學術史》，梁啓超，台北：華正書局，1994年。
10. 《中國近三百年學術史》，錢穆，台北：臺灣商務印書館，1995年。
11. 《國史大綱》，錢穆，台北：商務印書館，1974年。
12. 《明清史講義》，孟森（心史），台北：里仁書局，1982年。
13. 《近代中國史綱》，郭廷以，香港：中文大學出版社，1989年。
14. 《晚清政治思想史論》，王爾敏，台北：華世出版社，1976年。
15. 《中國近代思想史論》，王爾敏，台北：華世出版社，1982年。
16. 《兩漢哲學》，周紹賢，台北：文景出版社，1973年出版。
17. 《中國近三百年學術史——附「清代學術概論」》，梁啓超，里仁書局，民國89年5月30日。
18. 《清代哲學》，王茂等著，安徽：安徽人民出版社，1991年5月。
19. 《求索眞文明－晚清學術史論》，朱維錚，上海：上海古籍出版社，1996年12月。
20. 《越縵堂讀書記》，李慈銘，台北：世界書局，1975年。

（四）集　部

1. 《劉禮部集》，劉逢祿，道光十年思誤齋刊本。
2. 《魏源集》，魏源，台北：漢京出版社，民國73年
3. 《龔自珍全集》，龔自珍，台北：河洛出版社，民國64年。
4. 《飲冰室合集》，梁啓超，上海：中華書局，民國25年，頁109。
5. 《養一齋文集》，李兆洛，光緒戊寅重刊本。
6. 《珍藝宧文鈔》，莊述祖，《續修四庫全書・集部・別集類》1471冊，上

海古籍出版社，2002 年。

7. 《觀堂集林》，王國維，台北：世界書局，1991 年。
8. 《寒柳堂集》，陳寅恪，北京：三聯書局，2001 年。
9. 《清人文集別錄》，張舜徽，台北：明文書局，1982 年。
10. 《果庭讀書錄》，熊公哲，台北：臺灣商務印書館，1993 年。
11. 《全上古三代秦漢三國六朝文》，嚴可均校輯，北京：中華書局，1958 年。
12. 《曾文正公全集》，曾國藩，台北：大中國出版社，1967 年。
13. 《譚嗣同全集》（增訂本），譚嗣同撰，蔡尚思、方行編，北京：中華書局，1981 年。
14. 《虛受堂文集》，王先謙，台北：文海出版社。（影印光緒廿六年刊本。收在沈雲龍主編：《近代中國史料叢刊初編》，第六十九輯），1966 年。
15. 《虛受堂書札》，王先謙，台北：文海出版社。（影印光緒卅三年刊本。收在沈雲龍主編：《近代中國史料叢刊初編》，第六十九輯），1966 年。
16. 《萬竹樓隨筆》，左舜生，台北：文海出版社。（收在沈雲龍主編：《近代中國史料叢刊》，第五輯，第 49 種），1967 年。
17. 《文心雕龍》，梁・劉勰，北京：中華書局，1985 年。
18. 《鮚埼亭集》，全祖望，上海：上海古籍出版社，1995 年。
19. 《潛研堂文集》，錢大昕，臺北：臺灣商務印書館，民 56 年。

五、其　他

1. 《困學紀聞・卷八・經說》，王應麟，上海中華書局排印本，民國 20 年。
2. 《容齋題跋》，洪邁，上海博古齋影印本，民國 11 年。
3. 《章氏叢書》，章炳麟，台北：世界書局，1982 年。
4. 《黃侃國學論文》，黃侃，新竹：花神出版社，2002 年。
5. 《井觀瑣言》，鄭瑗，三卷，北京：中華書局，1985 年。
6. 《焦氏筆乘・續集》，焦竑，上海：上海古籍出版社，1997 年。
7. 《東塾讀書記》，陳澧，台北：臺灣商務印書館，1997 年。

九、期刊論文

1. 〈晚明經學的復興運動〉，林師慶彰，收於《書目季刊》十八卷三期，民國 73 年 12 月頁 3～40。
2. 〈《五經大全》之修纂及其相關問題探究〉，林師慶彰，《中國文哲研究集刊》創刊號，1991 年 3 月頁 361～383。

3. 〈兩宋治經取向及其特色〉，李威熊，《中華學苑》第三十期，1984 年 12 月，頁 49～85。
4. 〈元代的經學〉，蔡信發，《孔孟月刊》第二七卷七期，1989 年 3 月，頁 12～18。
5. 〈明代的經學〉，蔡信發，《孔孟月刊》第二七卷十二期 1989 年 8 月，頁 24～27。
6. 〈五代十國的經學〉，馮曉庭，收入《經學研究論叢》第五輯，臺北：聖環圖書公司，1998 年 8 月，頁 1～32。
7. 〈晚清的疑經風氣及其時代意義〉，李威熊，收於《清代經學國際研討會論文集》，台北：中研院．中國文哲研究所編，民國 83 年 6 月初版，頁 401～418。
8. 〈由夏族原居地縱論夏文化起於晉南〉，劉起釪，收於《華夏文明》，田昌五主編，北京大學出版社，1987 年，頁 132～166。
9. 〈湖南廣東情形〉，梁啓超，收於《戊戌政變記》之附錄二，北京市：中華書局，1958 年第一版。
10. 〈伏生「尚書大傳」的解經方法與思想內容〉，丁亞傑，收於《孔孟學報》75 期，台北：中華民國孔孟學會，民國 87 年 3 月，頁 27～44。
11. 〈皮錫瑞《經學通論》與陳澧《東塾讀書記》論易之異同〉，丁亞傑，《孔孟月刊》，台北：孔孟月刊社，28 卷 33 期，1996 年 10 月，頁 28～33。
12. 〈論乾嘉時期的今文經學〉，黃愛平，收於《清代學術文化史論》，台北：文津出版社 1999 年，頁 61～242。
13. 〈清代經今文學述〉，李新霖，《臺灣師範大學國文研究所集刊》第二十二號，1978 年，頁 113～305。
14. 〈簡論伏生與《大傳》〉，黃開國，收於《經學研究論叢－第八輯》，台北：學生書局，2000 年 3 月，頁 48～137。
15. 〈西漢今文學多採鄒衍考〉，劉師培，收於《劉申叔遺書》之《左庵集》卷三，台北：大新書局，民國 54 年。
16. 〈論王先謙的學術成就及學術思想〉，梅季，《船山學報》，一九年八八年第一期（總：第十期），1988 年 1 月，頁 83～89。
17. 《清代揚州學派學術研討會宣讀論文》，張壽安等，台北：中研院中國文哲研究所，2001 年 5 月。
18. 《常州學者的經學研究第一次學術研討會宣讀論文》，丁亞傑等，台北：中研院中國文哲研究所，2002 年 7 月。
19. 《常州學者的經學研究第二次學術研討會宣讀論文》，承載等，台北：中研院中國文哲研究所，2002 年 12 月。

20. 《湖湘學者的經學研究第一次學術研討會宣讀論文》，程克雅等，台北：中研院中國文哲研究所，2003 年 8 月。
21. 《尚書鄭氏學》，陳品卿，台北：台灣師範大學國研所博士論文，民國 62 年 9 月。
22. 《陳壽祺父子三家詩研究》，江乾益，台北：國立台灣師大國文研究所碩士論文，民國 73 年。
23. 《胡渭經學研究》，王宏仁，高雄：高師大國研所碩士論文，民國 82 年。
24. 《尚書堯典研究》，趙麗君，嘉義：中正大學中研所碩士論文，民國 82 年。
25. 《孫星衍《尚書今古文注疏》研究》，吳國宏，嘉義：中正大學中文所碩士論文，民國 83 年
26. 《姚際恒及其《尚書》《禮記》學》，張曉生，臺北：私立東吳大學中國文學研究所碩士論文，1990 年 5 月。
27. 《常州莊氏學術新論》，蔡長林，台北：台灣大學中文研究所博士論文，民國 89 年 6 月。
28. 《《白虎通義》研究》，王新華，台北：政治大學中研所碩士論文，民國 64 年。
29. 《《白虎通義》與東漢經學的發展》，邱秀春，台北：輔仁大學中研所博士論文，民國 89 年。
30. 《陳立《白虎通疏證》之禮學研究》，陳玉台，台北：中國文化大學中文所博士論文，民國 89 年。
31. 《緯書與兩漢經學關係之研究》，洪春音，台中：東海大學博士論文，民國 91 年。
32. 《三國尚書學考述》，歐慶亨，台北：國立師範大學國文所碩士論文，民國 76 年。
33. 《西漢前期經學研究》，吳智雄，嘉義：中正大學中文所博士論文，民國 92 年。

附錄一：《尚書古文攷實》述要

一

皮錫瑞，字鹿門，一字麓雲，清道光三十年十一月十四日（西元 1850 年 12 月 17 日）生於湖南長沙府善化縣，卒於清光緒三十四年二月初四日（西元 1908 年 3 月 6 日），享年五十九歲〔註 1〕。皮氏乃晚清治《尚書》之大家，主西漢伏生之學，名其居曰「師伏堂」，學者因稱「師伏先生」。〔註 2〕

皮氏的著作頗豐，除了子部以外，可說是遍及了經、史、集各部〔註 3〕，其《經學歷史》、《經學通論》二書，可說是研究經學者的入門之典籍，重要性自不在話下，而做爲一位晚清的今文經學者，其對《尚書》研究用力之深，可說是皮氏經學成就之基礎〔註 4〕，然而一般學者多著眼於其《經學歷史》、《經學通論》二本晚期之著作與其南學會講學相關思想之探究，對於皮氏《尚書》

〔註 1〕見皮名振：《清皮鹿門先生錫瑞年譜》（台北：台灣商務印書館，民國 70 年 12 月初版），頁 1～4。以下引是書皆省稱《年譜》。

〔註 2〕見《年譜》，〈皮鹿門先生傳略〉，頁 1。

〔註 3〕依筆者所考皮氏之著作，可歸納爲經部者略有《尚書大傳疏證》、《尚書古文疏證辨正》、《古文尚書攷實》、《古文尚書冤詞平議》、《今文尚書考證》、《尚書中侯疏證》、《王制箋》等，史部略有《浙江宣平縣志》、《讀通鑑論史評》、《史記補注》等，集部略有《師伏堂詩草》、《師伏堂詠史》、《師伏堂駢文》等，包括未刊、已佚、已刊今佚等，其著作達四十種之多，可謂豐富。見筆者撰〈皮錫瑞著作目錄〉，《皮錫瑞尚書學研究》（台北：台北市立師範學院應用語言文學研究所碩士論文，民國 93 年）之附錄。

〔註 4〕據《年譜》光緒十三年下云：「公治《尚書》，服膺伏生，宗今文說，至是作《尚書大傳箋》，爲著書之始。」其下並引壬辰（光緒十八年）四月初六日記云：「於舟中檢丁亥（光緒十三年）、戊子（光緒十四年）居憂時所作《大傳箋》稿，覆閱之。」可推知皮氏學術著作與成就，當自《尚書》之研究始，浸淫日深，乃至其後《今文尚書考證》一書，遂爲晚清今文《尚書》之集大成者。

之研究，反倒鮮少觸及〔註5〕。觀皮錫瑞之《尚書》專著，計有《尚書大傳疏證》七卷、《尚書古文疏證辨正》一卷、《尚書古文攷實》一卷、《古文尚書冤詞平議》二卷、《史記引尚書考》(未刊)、《今文尚書考證》三十卷、《尚書中侯疏證》一卷等七部，除未刊之《史記引尚書考》不得見之外，大抵皆得見影印刊行之版本，惟有《尚書古文攷實》一卷〔註6〕，原刊本現藏大陸湖北圖書館，台灣地區尚未影印刊行，筆者有幸自中研院文哲所蔣秋華老師處，間接取得大陸學者吳仰湘先生影印自湖北圖書館的複印稿，試爲〈述要〉一文，以就教方家。

二

《尚書古文攷實》一書，版框高約18.2公分，寬約28.7公分，共十九葉，每葉計二十二行，內容乃攷索文獻中對於古文《尚書》之陳述資料，計三十五條，於每條資料後加以皮氏之攷述，以低一格之方式爲之，以見皮氏對於歷來有關古文《尚書》相關論述之見解，今整理其大要略述如下：

（一）孔安國習今文《尚書》

歷來古文家之說法，多引班固《漢書・儒林傳》的記載，以爲孔安國傳古文《尚書》，是古文經學家的始祖，而班固的記載，又來自於司馬遷《史記・儒林傳》，因而將古文家的傳授始祖上溯至孔安國，進而以爲孔安國乃習古文《尚書》者。

> 孔氏有古文《尚書》，而安國以今文讀之，因以起其家，逸書得十餘篇，蓋尚書滋多於是矣。(《史記・儒林傳》)
>
> 孔氏有古文《尚書》，孔安國以今文字讀之，因以起其家，逸《書》

〔註5〕就筆者資料所及，關於皮氏《尚書》研究之著作，目前台灣地區僅有兩本，其一爲夏鄉先生之《皮錫瑞尚書學述》(台北：國立台灣師範大學國文研究所碩士論文，民國92年6月)；另一爲筆者所著《皮錫瑞尚書學研究》。筆者之論文計畫於89年底提出外審，90年初通過並著手撰寫，時間或略早於夏先生亦未可知，惟完成日期略晚於夏先生，筆者於口試後方得知夏先生之論文已早一年完成，然二本論文撰述之重心、詳略，互有不同，可參看之。

〔註6〕夏鄉先生亦云：「今未見刊本流傳」其注23云：「《年譜》與《續修四庫全書總目提要》著錄是書，並誤題爲《尚書古文攷實》，據皮氏所撰《古文尚書冤詞平議》三引此書，皮氏皆自題爲《古文尚書攷實》，當據正。」見夏氏：《皮錫瑞尚書學述》，頁19。惟據筆者手上之原刊本影印稿，正作《尚書古文攷實》，夏氏推論錯誤之處，今據正。

得十餘篇，蓋《尚書》茲多於是矣。……安國為諫大夫，授都尉朝；而司馬遷亦從安國問故，遷書載〈堯典〉、〈禹貢〉、〈洪範〉、〈微子〉、〈金縢〉諸篇，多古文說；都尉朝授膠東庸生；庸生授清河胡常少子，以明《穀梁春秋》為博士、部刺史，又傳《左氏》；常授虢徐敖；敖為右扶風掾，又傳《毛詩》，授王璜平陵、涂惲子真；子真授河南桑欽君長。王莽時諸學皆立，劉歆為國師，璜、惲等皆貴顯。（《漢書・儒林傳》）

皮氏對此以《史記》〈儒林傳〉、〈孔子世家〉、〈五宗世家〉之記載〔註7〕推論之，認為孔安國乃習今文《尚書》，且從時間上推論，安國應當受業於張生或歐陽生，不可能親受於伏生。如《史記・孔子世家》曰：「安國為今皇帝博士，至臨淮太守，蚤卒。」皮氏攷述以為：（1）朝錯以太子家令對策，其受伏生《尚書》之時，尚未為家令，當在文帝十三四年之間。（2）武帝建元五年立五經博士，孔安國為博士當在建元五年之後。（3）安國遷太守及卒，不知何年？而《漢書》云：「為諫大夫。」諫大夫元狩五年置，距朝錯受書伏生時，已五十年矣。（4）《史記》不載伏生卒於何年，即令至文帝末年尚在，安國於此時受業伏生，其年必已十五六歲，歷景帝……武帝……凡三十九年，安國遷太守又在其後，則年已六十，與《史記》蚤卒之年不合。〔註8〕故皮氏推論：（1）安國當生於景帝初年，正魯恭王封魯之時。（2）孔安國當受業於歐陽生、張生，不得親受於伏生，且《史記》所說以今文讀古文《尚書》，正是孔安國習今文之明證。

其次，皮氏又以為班固於《漢書・儒林傳》中敘及伏生今文《尚書》之一脈時，於魯周霸下略去「孔安國」三字，此《史記・儒林傳》明言：「自此之後，魯周霸、孔安國、洛陽賈嘉頗能言《尚書》事。」而《漢書》所以不載者，蓋班固意謂孔安國乃治古文，非治伏生今文者。皮氏云：

孟堅於周霸下，去孔安國三字，意謂安國乃治古文，非治伏生今文者也，不知安國以今文讀古文，實由先習今文。史公云：「孔安國能為《尚書》事。」謂今文《尚書》也，故後別言之，云：「孔氏有古文《尚書》，安國以今文讀之。」孟堅於伏生今文《尚書》一家，刪去孔安國名，其於今古文家法，蓋未晰也。〔註9〕

〔註7〕皮錫瑞：《尚書古文攷實》，頁1～2。下引是書皆省稱《攷實》。
〔註8〕見《攷實》，頁2。
〔註9〕見《攷實》，頁9。

而所謂：「以今文讀之」者，皮氏謂乃「古文當時不通行，知之者尟，字句異同多寡又與伏生壁藏者不盡合，故必以今文參校其義，如今之繙譯然，正其文字，釐其句讀，定其音義，別爲定本，以藏之家。其書蓋有經文而無傳注。」〔註 10〕然而，孔安國既以今文讀古文，其「意必有校勘攷定之詞，於今古文異同多寡處，或係以說，此之謂古文說」〔註 11〕，故皮氏以爲孔安國於今古文之異同處，當有「校勘攷定之詞」，此可說爲孔安國之「古文說」，然此「古文說」並無傳本留下，其內容如何不得而知，或僅止於口授，惟皮氏依照漢朝今文《尚書》傳授之情形，以爲孔安國之古文說已在三家《尚書》中，皮氏之論說重點有四：(1) 漢博士皆傳今文，安國必以今文教授；(2) 三家《尚書》皆出於寬，寬受業歐陽，又受業孔安國，此西漢今古文《尚書》本同一家之證明 (3) 兒寬既受業歐陽，又受業孔安國者，蓋以孔安國於古今本之差異處，必有校勘攷定之詞，故兒寬欲學於孔安國之理由在此；(4) 兒寬得之後，用以傳習門生，而三家皆出於寬，則安國古文說已在三家《尚書》中，後之異於三家，而託於安國者，可不攻自破矣。〔註 12〕古文經既僅傳經文而無傳注，其說解皆爲「今文」家之說法，則孔安國所傳者，亦僅能爲今文一脈。故追根究底，所謂古文說皮氏已將其納於西漢今文家之中。

（二）對於古文《尚書》篇卷的看法

關於古文《尚書》篇卷的看法，皮氏以爲《漢書・藝文志》的說法：「尚書古文經四十六卷。爲五十七篇」蓋本於劉歆《七略》而來，而其詳細篇目《漢書・藝文志》未載，僅曰：「以考二十九篇，得多十六篇。」皮氏乃據馬、鄭古文之說法以考之，除伏生所傳二十九篇外〔註 13〕，增加了〈舜典〉、〈汨作〉、

〔註 10〕見《攷實》，頁 3。

〔註 11〕見《攷實》，頁 10。

〔註 12〕同前注。

〔註 13〕案：《史記・儒林傳》云：「漢定，伏生求其書，亡數十篇，獨得二十九篇。」明言伏生今文《尚書》有二十九篇，而歷來來學者對於二十九篇之篇目爲何多所爭論（詳見張善文，馬重奇主編：《尚書漫談》（台北：頂淵文化事業有限公司，1998 年 4 月初版），頁 26～40。），今據皮氏《經學通論・書經》與《今文尚書考證》所言，其主張之二十九篇爲：〈堯典〉、〈皐陶謨〉、〈禹貢〉、〈甘誓〉、〈湯誓〉、〈般庚〉、〈高宗肜日〉、〈西伯戡黎〉、〈微子〉、〈牧誓〉、〈洪範〉、〈大誥〉、〈金縢〉、〈康誥〉、〈酒誥〉、〈梓材〉、〈召誥〉、〈洛誥〉、〈多士〉、〈無逸〉、〈君奭〉、〈多方〉、〈立政〉、〈顧命〉、〈康王之誥〉、〈甫刑〉、〈文侯之命〉、〈費誓〉、〈秦誓〉。

〈九共〉、〈大禹謨〉、〈棄稷〉、〈五子之歌〉、〈允征〉、〈湯誥〉、〈咸有一德〉、〈典寶〉、〈伊訓〉、〈肆命〉、〈原命〉、〈太誓〉、〈武成〉、〈冏命〉共十六篇，加上百篇之〈序〉，則有四十六篇，其次又分〈九共〉爲九篇，分〈般庚〉、〈太誓〉各爲三篇，於是四十六加八再加四，合計五十八篇，惟〈武成〉一篇於建武之際亡佚，故實際得五十七篇。〔註 14〕皮氏對於古文篇卷的看法，基本上即依此數。

（三）漢時古文《尚書》僅經文，無說解，說解自劉歆始

皮氏以爲古文《尚書》發現之始，即僅「有經文而無傳、注，故兩漢諸儒無有引孔安國說者，史公與之（孔安國）同時，而不言其作〈傳〉，《藝文志》亦無是說，並不列其書名，乃其塙證。」〔註 15〕蓋「《藝文志》列有歐陽、夏侯章句說義，於古文《尚書》但云：『經四十六卷』，不聞有章句說義，是安國所傳古文別無章句說義之明證。」〔註 16〕其次，皮氏又引《漢書・孔光傳》〔註 17〕所載古文《尚書》之傳承，推論古文《尚書》但有經文而無師說，皮氏云：

> 漢人重家法，歐陽生至歙，八世皆治歐陽《尚書》，霸乃安國從孫，延年之子，如安國古文有師說，霸豈得捨而事夏侯，且漢博士皆以今文教授，安國、延年爲漢武博士，其教授必用今文，則孔氏雖以古文起其家，非別有古文傳注也。〈儒林傳〉云：「歆數見丞相孔光，爲言《左氏》，以求助，光卒不肯。」據歆移書博士，以古文《尚書》與《左氏春秋》並舉，如古文《尚書》有孔安國師說，光何得不肯建立乎？〔註 18〕

如依皮氏之見解，古文《尚書》自發現之始即無說解，那麼說解是自何而始？自誰而始？皮氏以爲：「古文《尚書》章句說義，蓋創始於劉歆。」〔註 19〕既

〔註 14〕見《攷實》，頁 3。皮氏此處僅就其對古文《尚書》篇卷之結果綜合論述，其詳細論證之過程則主要分見於其《尚書古文疏證辯正》、《古文尚書冤詞平議》、《經學通論・書經》條目之中，學者可參看之。

〔註 15〕見《攷實》，頁 3。

〔註 16〕同前注。

〔註 17〕《漢書・卷八十一・孔光傳》：「忠生武及安國，武生延年，延年生霸，字次儒，霸生光焉。安國、延年皆以治《尚書》爲武帝博士，安國至臨淮太守，霸亦治《尚書》，事太傅夏侯勝，昭帝末年爲博士。」

〔註 18〕見《攷實》，頁 9。

〔註 19〕見《攷實》，頁 4。

然創始於劉歆，依劉歆之身分地位而言，其著作在《漢書》中理當著錄才是，爲何卻不見《漢書》有任何之記載？對此皮氏解釋其原因爲：「莽敗而歆所建置皆廢，歆說爲當時所不用，《左氏春秋章句》〈歆傳〉明言其始於歆，而〈志〉亦不列，則古文《尚書》可知矣。」〔註 20〕皮氏以爲《漢書‧劉歆傳》明言《左氏春秋章句》自劉歆始，而《藝文志》卻無著錄，則劉歆爲古文《尚書》所作之章句說義，亦可能未予著錄。然而這樣的說法只是皮氏的一種推論，爲了使其推論更趨合理，皮氏進一步補充云：

> 劉歆建立古文諸經，爲漢世經學一大變局。……歆云：「與其過而廢之也，甯過而立之。」古書不可聽其亡，置之學官，以備參稽，未爲不可，然諸書自《毛詩》以外，皆無師說，歆自以意立說，於《周官》既創通大義，《左氏》之引傳解經者，亦始於歆，則古文《尚書》有說解，亦必自歆始，如：以三公爲太師、太傅、太保；以六宗爲乾坤六子；以父師爲箕子；以文王爲受命九年而崩。歆說至今可攷見者，皆不與今文《尚書》說同，是其明證。〔註21〕

皮氏以爲劉歆之解說《尚書》的說法，皆不與今文《尚書》之說法相同，足見古文說乃劉歆自創，最後，皮氏從「動機」上加以總結：

> 歆意欲以一人之新說，盡易十四博士之顓門，與王安石作《三經義》，前後一轍。歆又云：「皆有徵驗，外內相應。」歆意尤重《左氏春秋》特以孤經少與，恐人不信，乃引古文《尚書》、《毛詩》、逸《禮》與相應和，又引在下之庸生諸人，以扶其說。歆爲國師，而璜、惲皆貴顯，則傳古文者，皆曲學阿世之輩，豈眞能扶微學哉？厥後馬、鄭諸儒，引《周禮》解古文《尚書》，引《左氏傳》解《毛詩》，以爲徵驗不誣，正用歆說。

皮氏最後將劉歆說解古文《尚書》的動機推論爲：「(《左氏春秋》) 孤經少與，恐人不信，乃引古文《尚書》、《毛詩》、逸《禮》與相應和。」認爲劉歆爲了使古文說更趨完備，以利古文經學立於學官，乃論斷劉歆爲古文《尚書》說解之始作俑者。

（四）杜林古文漆書僅一卷且非孔壁古文

杜林漆書，舊以爲僞書或完書，皮氏則以爲非是，並主張杜林漆書實止

〔註20〕同前注。

〔註21〕見《攷實》，頁 8。

一卷，且非孔壁古文，衛、賈、馬、鄭所傳古文《尚書》，蓋本杜林漆書，其推論的過程如下：

1. 伯山乃杜鄴之子，張敞之外孫，兩家皆通古文，《漢書．杜鄴傳》云：「鄴子林，清靜好古，其正文字過於鄴、竦，故世言小學者，由杜公。」又《漢書．藝文志》並載杜林嘗爲《蒼頡訓纂》與《蒼頡故》各一篇，故杜林乃精於小學者。
2. 皮氏云：「孔壁古文，藏中秘，外人苦不得見，新莽之亂，或散民間，此漆書一卷，疑即中秘古文散佚者，伯山得而寶愛之。」蓋以漆書爲中秘古文散佚民間，而爲杜林於西州所得者。
3. 皮氏云：「漆書古文必是竹簡，而伯山握持不離身，則其云一卷者，實止一卷，而非全文。」其書既非全文，而能傳全經者，皮氏以爲《漢書．杜鄴傳》載：「林博洽多聞，時稱通儒。」蓋「杜林於古文《尚書》必已誦習，得漆書一卷之後，乃更訂正其文，以爲定本。」〔註22〕
4. 「伯山精於小學，其訂正之本，必較他本古文《尚書》爲善。」〔註23〕故皮氏以爲衛、賈、馬、鄭自杜林所傳之古文《尚書》，其所據之文本，當即據此。「然其書或有校正之文，亦無訓解，訓解出於衛、賈、馬、鄭也。」〔註24〕《後漢書．儒林傳》曰：「扶風杜林傳《古文尚書》，林同郡賈逵爲之作《訓》，馬融作《傳》，鄭玄注解，由是古文《尚書》遂顯於世。」故皮氏云：「此馬、鄭古文《尚書》出於杜林之塙證也。當時傳古文《尚書》者，亦非一人，杜伯山獨得漆書，校正其文，其本最善。」
5. 皮氏又云：「伯山所得漆書止一卷，其所定本未必皆合於孔壁古文，蓋孔壁眞本藏於中秘，其民間私授者，不無以意增損，如〈堯典〉帝曰：『我其試哉』脫「帝曰」……皆與今文不合，其說乖謬，必非孔壁古文之舊也。」故皮氏云：「孔穎達以馬、鄭古文爲張霸僞書，固非，閻、江、王、段以杜林古文爲孔壁古文，亦豈其然乎？」由於漆書僅一卷，非完書，故依其本所訂正之處仍有限，且其書經散逸民間之後，或已經過他人之增損，故漆書古文必非孔壁古文之舊。

〔註22〕以上皮氏所論之說，詳見《攷實》，頁11。
〔註23〕同前注。
〔註24〕同前注。

（五）論賈逵在古文《尚書》的地位

班固《漢書・儒林傳贊》曰：「自武帝立五經博士，開弟子員，設科射策，勸以官祿，迄於元始，百有餘年，傳業者寖盛，支葉蕃滋，一經說至百萬餘言，大師眾至千餘人，蓋祿利之路然也。」蓋漢朝經學之盛實因「治經可以富貴」之原因始然，今文學如此，古文學亦復如此。西漢時期雖有劉歆提倡古文立學，不過由於許多今文經學大儒的反對，終西漢之世，古文經學究竟未能立於學官，而古文經學並未因此而消失，仍在檯面下悄悄的持續萌芽，直到王莽掌權時，因劉歆之得勢而達到一暫時性的高峰，並培養了一批古文班底，隨即因失勢而沒落，到了東漢章帝之後，由於賈逵再度利用今古文經學之爭的機會，將古文經學拉到檯面上與今文經學一較短長，古文經學始而興盛起來。

皮氏首先據《後漢書・賈逵傳》之說：「賈逵之父賈徽從劉歆處受《左氏春秋》，兼習《國語》、《周官》，又受古文《尚書》於塗惲，學《毛詩》於謝曼卿，作《左氏條例》二十一篇，而賈逵悉傳其父業，能誦《左氏傳》及五經本文，並以大夏侯《尚書》教授。」說明賈逵古文經學的師傳，乃來自於其父賈徽。而既已傳古文學，卻仍以今文學的大夏侯《尚書》教授者，實因「古文不立學，受之者稀，且其時訓解尚未備也。」〔註25〕訓解既「未備」，則其「訓解」爲「後來所出」，「非壁中古本」可知矣，此又可爲皮氏所謂「古文《尚書》僅有經文而無傳、注、說解」的最好證明。

其次，皮氏認爲古文《尚書》在東漢章帝後之所以能持續興盛不墜，不被今文經學所打倒，一直延續到馬融、鄭玄之後，實因賈逵「增益僞文、附會圖讖、曲學阿世」並「導以利祿之途」〔註26〕始然，其曲學阿世之舉，可說與劉歆如出一轍，甚至比劉歆尤有過之。賈逵將《左氏》與圖讖相結合，投漢章帝（肅宗）之所好，「上有好者，下必甚焉」，於是「古文盛而今文衰矣」，因此，賈逵可以說是「古文之功首，今文之罪魁。」皮氏云：

> 肅宗（章帝）之好古文，乃賈景伯坿會文致之力也，逵奏曰：「以永平中，上言《左氏》與圖讖合者，先帝不遺芻蕘，省納臣言。」是景伯當顯宗（明帝）之時，已增竄《左氏傳》文，謂劉氏爲堯後，故肅宗信而好之，上有好者，下必甚焉，於是古文盛而今文衰矣。古文不立學，故不能興。景伯導以利祿之途，而古文行於世矣，四

〔註25〕見《攷實》，頁11。
〔註26〕見《攷實》，頁12。

> 經行而二家《公羊》、三家《詩》、三家《尚書》遂亡。若景伯者，非古文之功首，今文之罪魁歟。
>
> 漢時十四博士所傳今文爲一家，古文《尚書》、《毛詩》、《左傳》爲一家。故劉歆欲立《左氏春秋》，必牽引古文《尚書》、《毛詩》，賈逵欲興《左氏春秋》，亦必牽引古文《尚書》、《毛詩》。歆之說行於王莽，而旋廢，逵之說行於肅宗，而其學遂興矣。景伯於《左氏春秋》增益僞文，坿會圖讖，其曲學阿世，亦與劉歆之作僞阿莽略同。
>
> 古文《尚書》訓今不傳，許叔重師賈侍中，《說文》、《五經異義》所引古《尚書》說，蓋多本賈說。〔註 27〕

皮氏認爲，因爲賈逵的倡行致古文經學昌盛，其影響力一直持續下來，故其後的大儒許慎，在其《說文》、《五經異義》中所引的古文《尚書》說〔註 28〕，亦多自賈逵而來，其於古文之功勞可見一斑。惟今文通行已久，自孔安國以下傳古文《尚書》者，亦多以今文教授，即便是「帝親稱制臨決」下的產物：《白虎通義》，亦多用今文家說，此或因當時今古文爭執下所不得不然的結果，然亦可以印證皮氏一貫主張「古文無傳、注、說解，其說解多同今文」的說法。不過，因今文說中又有歐陽、夏侯之別，在皮氏眼中，由於「歐陽純用今文」，其相對的較夏侯《尚書》爲優，且因孔霸、孔光、賈逵等古文家習大夏侯《尚書》，並以之教授，故「夏侯家說間有與古文尚書相出入者，不如歐陽純用今文，其所傳之字，亦間用古字，漢書多古字，是其證。（小注：班氏世習夏侯《尚書》）」〔註 29〕此似乎又可爲其後今古文家法混淆之先聲。因此，賈逵可以說是「古文之功首，今文之罪魁。」〔註 30〕

〔註 27〕同前注。

〔註 28〕皮氏云：「《儒林傳》云：『賈逵作《訓》』，則古文《尚書》之訓詁，始於景伯。」（見《攷實》，頁 12）此乃皮氏之推論，蓋《後漢書．賈逵傳》僅記載：「逵數爲帝言古文《尚書》，與經傳爾雅訓詁相應，詔令撰《歐陽大小尚書古文同異》，逵集爲三卷。」故皮氏亦云：「其撰《同異》三卷，必有古文作某，今文作某者，惜今不可見。」（《攷實》，頁 12）因此，皮氏據《漢書．儒林傳》與《後漢書．賈逵傳》的記載推論賈逵當爲古文《尚書》作訓詁者。又案：皮氏其後又引《後漢書．儒林傳》所載：「衛宏……後從大司空杜林更受古文《尚書》，爲作訓旨。」並云：「前云賈逵爲杜林古文《尚書》作《訓》，此又云：『衛宏爲作訓旨』，是杜伯山僅傳古本，並無訓故，訓故始於衛、賈兩君。」是皮氏以爲古文《尚書》訓故蓋出於衛、賈二人，然亦無確證。

〔註 29〕見《攷實》，頁 13。

〔註 30〕見《攷實》，頁 12。

（六）論鄭玄

皮氏於本文中論鄭玄之資料計有四條〔註31〕，主要來源爲《後漢書・鄭玄傳》與《書贊》。茲整理其大要如下：

1. 鄭玄注《尚書》雜今古文

皮氏以爲，依《鄭玄傳》所云，鄭玄於《易》、《詩》、《禮》、《春秋》皆先通今文，後通古文，獨於《尚書》不言曾習今文，然而鄭玄既注《尚書大傳》，則於今文亦必兼通，因此其注《尚書》〔註32〕雖名爲古文，亦兼用今文義。其次，鄭玄事馬融（季長），其注《尚書》與馬融又異，「或馬從今文，鄭從古文，或馬從古文，鄭從今文，蓋古文無師說，相傳衛、賈、馬、鄭諸君，各以意爲之說，或襲今文舊說，或以《周禮》諸書易之耳。」（《攷實》，頁10）因此，皮氏以爲鄭玄之論學「非今非古」，雜亂師法也。

2. 周之古文非為科斗文

鄭康成《書贊》曰：「《書》初出屋壁，皆周時象形，今所謂科斗書，以形言之，爲科斗，指體即周之古文。」〔註33〕以爲所謂古文者即周之「科斗文」，而皮氏則以爲鄭玄所言非是。蓋皮氏認爲，雖然孔子書六經之時，皆以古文，然經秦火之後，古文幾近亡矣，不論伏生所藏之壁中本，抑或魯恭王壞孔子宅所得之孔壁本，其傳承之始與書籍所記載，都僅能確知古文與篆籀異，未聞古文即科斗文者，再者，東漢時號稱「五經無雙」的許慎，在其《說文序》明言《說文》中凡引經者，「皆古文也」，而觀《說文》之內容，其所引古文字皆有明言，卻未見「科斗文」之出現，足見鄭說之不可信。其次，皮氏從古文師傳上認爲鄭玄《說文》所引之古文，「蓋本於賈侍中所受杜林漆書」。〔註34〕

3. 誤以杜林古文為安國古文

鄭康成《書贊》曰：「我先師棘下生子安國，亦好此學，自世祖興，後漢衛、賈、馬二三君子之業，則雅才好博，既宣之矣。」又曰：「歐陽氏失

〔註31〕見《攷實》，頁15～17。

〔註32〕據清・侯康：《補後漢書藝文志》（臺北：臺灣商務印書館，民54年）著錄，鄭玄之《尚書》著作計有：《尚書大傳注》三卷、《尚書注》九卷、《尚書音》一卷。

〔註33〕見皮氏《攷實》頁15所引。

〔註34〕見《攷實》頁15、16。

其本義，今疾此蔽冒，猶復疑惑未悛。」〔註35〕皮氏考曰：「此鄭君古文《尚書》本衛、賈、馬之明證也。鄭受古文《尚書》於張恭祖，乃不齒及，殊不可解，又稱安國爲先師，鄭意蓋以杜林古文即安國古文。」又曰：「鄭注伏生《大傳》而詆斥歐陽，其意皆以衛、賈、馬古文說即安國之說，亦即伏生之說，而歐陽氏之異於衛、賈、馬者，爲失其本義也，鄭注《大傳》時，以古文說易《大傳》之文，蓋亦以《大傳》非伏生原文，爲歐陽氏所亂也。」〔註36〕

皮氏既辨衛、賈、馬之古文《尚書》從杜林漆書而來，而鄭玄從張恭祖學古文《尚書》，又受馬融的古文《尚書》學，則其古文《尚書》必非孔壁古文明矣，而康成稱「安國爲先師」者，蓋亦同賈、馬之誤，以杜林古文即安國古文矣。再者，「康成注伏生《大傳》而詆歐陽，其意皆以衛、賈、馬古文說即安國之說，亦即伏生之說，而歐陽氏之異於衛、賈、馬者，爲失其本義矣。」〔註37〕故皮氏云：「歐陽氏未嘗失其本義，而衛、賈、馬、鄭之說，非安國之故，亦非伏生之故矣……〈康成傳〉未言其習今文《尚書》，於歐陽諸家，蓋未深究其義，而以衛、賈、馬先入之言爲主，故反以歐陽爲蔽冒矣。」〔註38〕

（七）其　他

皮氏於文中另有一些攷述較爲簡短者，今舉其大意於下：

1. 評段玉裁對於古文的論述：(1) 以段玉裁所言科斗文爲晉人里語爲非。(2) 以段氏所言「古文者，謂其中所說字形字音字義，皆合《蒼頡》、《史籀》」不盡塙。(3) 以段氏「古文不皆壁中古本」甚塙。〔註39〕
2. 疑古文〈書序〉乃衛宏所爲，然無塙證。又謂《古文官書序》所言伏生使其女傳言交錯，錯所不知者，凡十二三，略以其意屬讀乙事，蓋衛宏榮古虐今，以伏生所傳今文不可信之故也。〔註40〕
3. 攷庸生名譚，僅見於於《後漢書・儒林傳》。〔註41〕

〔註35〕見《攷實》頁16。
〔註36〕同前注。
〔註37〕同前注。
〔註38〕見《攷實》頁16 、17。
〔註39〕見《攷實》頁19。
〔註40〕見《攷實》頁14、17。
〔註41〕見《攷實》頁13。

4. 據《丁鴻傳》攷定丁鴻當習歐陽《尚書》,《後漢書·儒林傳》所載習古文《尚書》者,乃誤。〔註42〕
5. 以《後漢書·劉陶傳》所載劉陶著《中文尚書》者,蓋本於杜林漆書。〔註43〕

三

皮氏《尚書古文攷實》於古文《尚書》見解之大要已如上文所述,其主要論題包括古文《尚書》之文字、傳衍、篇目、版本、說解等,由於皮氏本書之內容體例頗似於札記,乃皮氏就其平日研究之所得,逐條記錄,並未予以適當之整理、分類,其所論之內容,亦僅略舉其大者,故未呈現其古文《尚書》的完整論述〔註44〕,書中陳述之內容或見於《尚書大傳疏證》、《尚書古文疏證辨正》、《古文尚書冤詞平議》、《今文尚書考證》、《經學歷史》與《經學通論》各書之中,大旨約略相同,惟文字陳述則有詳略之差異。就成書之先後而言,《尚書大傳疏證》與《尚書古文疏證辨正》二書撰述較早〔註45〕,皮氏於《尚書古文攷實》中所論,就筆者初步考察,約有三分之一之條目可見於前述二書,蓋皮氏於撰作《攷實》時,援引入書者也。皮氏爲晚清研究今文《尚書》之大家,其《今文尚書考證》一書,乃其《尚書》學最後完成之著作,皮氏於各篇之考證,凡涉及今古文之處,皆予列出,故其完整古文《尚書》觀,當可據《今文尚書考證》予以呈現,而《尚書古文攷實》應可視爲其初步研究之成果。

〔註42〕同前注。

〔註43〕見《攷實》頁17。

〔註44〕如古文家於〈禹貢〉地理之敘述如何,《攷實》並未記載,惟見於《尚書古文疏證辨正》,就筆者初核,約有14條,即是其一,其文雖就閻若璩《尚書古文疏證》而來,亦反映皮氏對古文《尚書》的看法。

〔註45〕據皮民振編:《清皮鹿門先生錫瑞年譜》(台北:台灣商務印書館,民國72年)所載,《尚書大傳疏證》始於光緒十三年,原作《尚書大傳箋》,二十一年重加疏注,改名《大傳疏注》,至二十二年七月,刊《尚書大傳疏證》七卷成;《尚書古文疏證辨正》始於光緒十八年,十九年十二月書成;《尚書古文攷實》成於光緒二十一年十二月,未載始於何時;《古文尚書冤詞平議》始於光緒二十一年,成於二十二年八月。

【《尚書古文攷實》書影】

尚書古文攷實　　　思賢講舍

善化皮錫瑞鹿門著

史記儒林傳曰伏生者濟南人也故爲秦博士孝文皇帝時欲
求能治尚書者天下無有乃聞伏生能治欲召之是時伏生年
九十餘老不能行於是乃詔太常使掌故鼂錯往受之秦時焚
書伏生壁藏之其後兵大起流亡漢定伏生求其書亡數十篇
獨得二十九篇卽以教於齊魯之閒學者由是頗能言尚書諸
山東大師無不涉尚書以教矣伏生教濟南張生及歐陽生歐
陽生教千乘兒寬兒寬旣通尚書以文學應郡舉詣博士受業
受業孔安國以試第次補廷尉史是時張湯方鄉學以爲奏讞
掾及湯爲御史大夫以兒寬爲掾薦之天子天子見問說之張

尚書古文攷實

本文刊於《經學研究論叢》（臺北：臺灣學生書局，2008 年 3 月）第十五輯。

附錄二：《尚書古文攷實》

思賢講舍

善化皮錫瑞鹿門著・何銘鴻點校〔註1〕

《史記・儒林列傳》曰：「伏生者，濟南人也，故爲秦博士。孝文皇帝時，欲求能治《尚書》者，天下無有，乃聞伏生能治，欲召之，是時伏生年九十餘，老不能行，於是乃詔太常，使掌故朝錯往受之。秦時焚書，伏生壁藏之。其後兵大起，流亡，漢定，伏生求其書，亡數十篇，獨得二十九篇，即以教於齊、魯之間，學者由是頗能言《尚書》，諸山東大師無不涉《尚書》以教矣。伏生教濟南張生及歐陽生，歐陽生教千乘兒寬，兒寬既通《尚書》，以文學應郡舉，詣博士授業，受業孔安國，以試第次補廷尉史，是時張湯方鄉學，以爲奏讞掾，及湯爲御史大夫，以兒寬爲掾，薦之天子，天子見問，說之，張湯死後六年，兒寬位至御史大夫，張生亦爲博士，而伏生孫以治《尚書》徵，不能明也。自此之後，魯・周霸、孔安國，雒陽賈嘉頗能言《尚書》事，孔氏有古文《尚書》，而安國以今文讀之，因以起其家，逸書得十餘篇，蓋《尚書》滋多於是矣。」

〈孔子世家〉曰：「安國爲今皇帝博士，至臨淮太守，蚤卒。」

〈五宗世家〉曰：「魯恭王餘以孝景前二年，用皇子爲淮陽王，二年，吳、楚反，破後，以孝景前三年徙爲魯王，好治宮室苑囿，二十六年卒。」

攷曰：《史記》言當時事最可信據，今合數條之文攷之。文帝十五年，

〔註1〕本文所據原書爲清・光緒二十二年，湖南思賢書局刊本，現藏大陸湖北圖書館。本文之體式，蓋依皮氏原文，惟爲方便於檢視，凡是皮氏攷述處，蓋以不同字體並低三格的方式爲之。文中提及之重要典籍皆覆按原書，如與原書出入者，即以附注方式於當頁出校。

朝錯以太子家令對策，其受伏生《尚書》之時，尚未爲家令，當在文帝十三、四年之間。武帝建元五年，立五經博士，孔安國爲博士，當在建元五年之後，自文帝十五年至武帝建元五年，凡二十九年，建元五年又十年，爲元朔三年，張湯爲廷尉，則兒寬受業孔安國，當在建元五年之後，元朔三年之前。安國遷太守及卒，不知何年？而《漢書》云：「爲諫大夫。」諫大夫爲元狩五年置，據朝錯受書伏生時，已五十年矣，王肅《家語》附錄云：「安國受《書》於伏生，年六十卒。」據〈孔子世家〉明云蚤卒，年六十不可謂蚤。《史記》不載伏生卒於何年，即令至文帝末年尚在，安國於時受業，其年必已十五六歲，歷景帝十六年，武帝建元六年、元光六年、元朔六年、元狩五年，凡三十九年，安國遷太守又在其後，則年已六十，與《史記》蚤卒之年不合矣。然則安國當生於景帝初年，正魯恭王封魯之時。王西莊云：「魯恭王得壁中書時，安國尚未生。」亦不必然。安國以今文讀古文《尚書》，此安國習今文之明證，當受業於歐陽生、張生，不得親受於伏生也。所謂以今文讀古文者，古文當時不通行，知之者尟，字句異同多寡，又與伏生壁藏者不盡合，故必以今文參校其義，如今之繙譯然，正其文字，釐其句讀，定其音義，別爲定本，以藏其家。其書蓋有經文而無傳注，故兩漢諸儒無有引孔安國說者，史公與之同時，而不言其作傳，《藝文志》亦無是說，並不列其書名《家語》附錄以爲劉向不載，乃遁詞，乃其確塙證。近人知孔《傳》之僞，而又強執馬、鄭之《古文尚書注》爲安國所傳，豈非知二五而不知十乎？

《漢書藝文志》：《尚書》古文經四十六卷爲五十七篇，經二十九卷小大夏侯二家，歐陽經三十一卷〔註2〕，傳四十一篇。

攷曰：漢所傳《尚書》古文經，今已亡，不可攷，據馬鄭古文，則除伏生所傳二十九篇外，增〈舜典〉、〈汩作〉、〈九共〉、〈大禹謨〉、〈棄稷〉、〈五子之歌〉、〈允征〉、〈湯誥〉、〈咸有一德〉、〈典寶〉、〈伊訓〉、〈肆命〉、〈原命〉、〈太誓〉、〈武成〉、〈冏命〉共十六篇，合之百篇之序，共爲四十六篇，又分〈九共〉爲九篇，〈盤庚〉、〈太誓〉

〔註2〕依上海中華書局1936年據武英殿本四部備要之《前漢書》所載，當爲：歐陽經三十二卷。

各三篇，共五十八篇，〈武成〉建武之際亡，故篇共五十七，歐陽經多二卷，亦由分〈太誓〉爲三也，傳四十一篇，即伏生大傳。今所傳僞古文篇數，與馬鄭同而篇名不同，人皆知其僞矣，即馬鄭古文，亦有疑其僞者，其書既亡，未敢斷也。《藝文志》本於劉歆《七略》，劉歆崇尚古文《尚書》，而《藝文志》列有歐陽、夏侯章句説義，於古文《尚書》但云：「經四十六卷」，不聞章句説義，是安國所傳古文，別無章句説義之明徵也。古文《尚書》章句説義，蓋出於劉歆，而《藝文志》不列者，莽敗而歆所建置皆廢，歆説爲當時所不用，《左氏春秋章句》，歆《傳》明言其始於歆，而《志》亦不列，則古文《尚書》可知矣。

《志》又曰：「古文《尚書》者，出孔子壁中，武帝末，魯恭王壞孔子宅，欲以廣其居，而得古文《尚書》及《禮記》、《論語》、《孝經》，凡數十篇，皆古字也。恭王往入其宅，聞鼓琴瑟鐘磬之音，於是懼，乃止，不壞。孔安國者，孔子後也，悉得其書，以考二十九篇，得多十六篇，安國獻之，遭巫蠱事，未列於學官，劉向以中古文，校歐陽大小夏侯三家經文，〈酒誥〉脫簡一，〈召誥〉脫簡二，率簡二十五字者，脫亦二十五字，簡二十二字者，脫亦二十二字，文字異者七百有餘，脫字數十。」

攷曰：劉向所校之中古文，即安國家所獻之本也，以校三家經文，皆有脫簡，則眞古文洵可寶，惜今已失其傳。古今文字異者七百有餘，尤惜其亡失，無以考見古今文之同異也。安國蚤卒，不得見巫蠱事，荀悅《漢紀》作安國家獻之，今本《漢志》少一家字，云遭巫蠱事，未列學官，蓋劉歆之説，古文無説義，本不可立學，非因巫蠱而然也。

《景十三王傳》曰：「恭王初好治宮室，壞孔子舊宅，以廣其居〔註 3〕，聞鐘鼓〔註 4〕琴瑟之聲，遂不敢復壞，於其壁中得古文經傳。」

攷曰：恭王薨於武帝元光四年，不得至武帝末，《藝文志》武帝字乃景帝之誤，據《景十三王傳》，當在封魯之初，即壞孔壁矣。

《儒林傳》曰：「孔氏有古文《尚書》，孔安國以今文字讀之，因以起其家，逸書得十餘篇，蓋《尚書》滋多於是矣，遭巫蠱，未立於學官，安國爲

〔註 3〕據前注，「居」當作「宮」。
〔註 4〕同前注，「鼓」當作「磬」。

諫大夫，授都尉朝，而司馬遷亦從安國問故，遷書載〈堯典〉、〈禹貢〉、〈洪範〉、〈微子〉、〈金縢〉諸篇，多古文說。」

攷曰：安國以今文讀古文，只是訂正經文，並無說義，其說義蓋同今文家說。兒寬受業安國，歐陽、夏侯三家皆出於寬，三家皆傳今文，是其明證。《史記》所載《尚書》事實訓解，與馬鄭古文說異，與伏生今文說同，史公時《書》唯有歐陽蓋習歐陽《尚書》，史公於《春秋》云：「余聞之董生，於《詩》引詩人道西伯蓋受命之年稱王，而問故安國，不著於錄。班書言所述〈堯典〉諸篇多古文說，其可攷者，爲〈魯世家〉云：「周公奔楚」，與《論衡》引〈金縢〉古文家說似同，而《論衡》以爲管蔡流言，〈魯世家〉以爲反政之後，亦不盡合。〈洪範〉《史記》以爲箕子陳範，乃封朝鮮，與伏《傳》云：「箕子封朝鮮，來朝，乃陳〈洪範〉。」說異，或當爲古文說。微子奔周，〈殷本紀〉與〈宋世家〉前後不符，或一爲今文，一爲古文。然寥寥孤證未足爲多。若〈微子〉之太師、少師，〈金縢〉發書在周公薨後，皆與馬鄭大異，尤爲《史記》不用古文之明證。如謂安國古文非馬鄭之古文，則更足徵安國古文不異於今文而馬鄭之異於今文者，非安國之故矣。班氏云：「遭巫蠱，未立學官」，乃沿劉歆謬說，其謂遷書多古文說，或亦習用劉歆之言，未足深信。孫淵如誤執班氏說，以《史記》一書皆爲古文，遂於馬鄭之異於《史記》者，反謂之今文，且於《論衡》之明稱古文者，亦強附之今文，謂今文亦古說也，任意顛倒，豈非班氏所誤哉？

《儒林傳》又曰：「都尉朝授膠東庸生，庸生授清河胡常少子，以明《穀梁春秋》爲博士，部刺史又傳左氏常授虢徐敖，敖爲右扶風掾，又傳毛《詩》，授王璜、平陵塗惲子眞，子眞授河南桑欽君長，王莽時，諸學皆立，劉歆爲國師，璜、惲等皆貴顯。」

攷曰：今惟桑欽《禹貢說略》見於《漢志》、《說文》，其他皆無可徵。蓋諸儒不過以古本相傳，初無注解，漢初今文家皆有師說，古文家無師說，非只《尚書》一經。《劉歆傳》云：「初，《左氏傳》多古字古言，學者傳訓故而已，及劉歆治《左氏》，引傳文以解經，轉相發明，由是章句義理備焉」，是《左氏春秋》歆以前未有章句也。《儒林傳》曰：「費直治《易》，無章句，徒以彖、象、繫辭十篇、文言、解說上下經。《後漢儒林傳》云:「《周官經》六篇,前世傳其書,未有名家」〔註 5〕,然則漢世古文皆無師說明矣。且非獨古文也,章句繁多,始於西漢之末,西漢初,即今文亦無多說義,孔安國習《魯詩》,受業申公,申公獨以《詩經》爲訓故以教,無傳,疑者則闕弗傳,安國所受《魯詩》且然,何獨古文《尚書》有傳乎?

《劉歆傳》曰:「及歆親近,欲建立《左氏春秋》及毛《詩》、逸《禮》、古文《尚書》,皆列於學官,哀帝令歆與五經博士講論其義,諸博士或不肯置對,歆因移書太常博士則讓之,曰:『……〔註 6〕孝文皇帝使掌故朝錯從伏生受《尚書》,《尚書》初出於屋壁,朽折散絕,今其書見在,時師傳讀而已。』」。

攷曰:西漢三家今文《尚書》皆立於學官,《藝文志·儒林傳》所載,彬彬極盛,安得謂朽折散絕,時師傳讀而已乎?歆榮古虐今,矢口猖言,不顧其後。

又曰:「及魯恭王壞孔子宅,欲以爲宮,而得於古文於壞壁之中,逸《禮》有三十九篇〔註 7〕,《書》十六篇,天漢之後,孔安國獻之,遭巫蠱倉猝之難,未及施行,及春秋左氏丘明所修,皆古文舊書,多者二十餘通,藏於秘府,伏而未發,孝成皇帝閔學殘文缺,稍離其眞,乃陳發秘藏,校理舊文,得此三事,以考學官所傳,經或脫簡,傳或閒編,傳聞民間,則有魯國柏公、趙國貫公、膠東庸生之遺學,與此同,抑而未施。

攷曰:子政以中古文校三家,酒誥脫簡一,召誥脫簡二,故歆藉以詆斥今文。膠東庸生傳古文《尚書》,而我其試哉之上,庸生之徒已漏帝曰二字,是古文亦有譌脫,未見其勝於今文也。孔安國不得至天漢後,當從《漢紀》增一家字,謂遭巫蠱未施行,亦不然。天漢四年,又太始四年、征和二年,乃有巫蠱之難,此數年中無事,何不施行?巫蠱後至歆移書時,又將百年,何亦未聞立學?蓋安國古文本無訓解,逸十六篇絕無師說,不便學者誦習,不可以立學也。

又曰:「抑此三學,以《尚書》爲不〔註 8〕備,謂左氏爲不傳《春秋》,豈不哀哉?」

〔註 5〕見〈衛宏傳〉。

〔註 6〕《劉歆傳》原文曰字下接:「昔唐虞既衰,而三代迭興,……咸介胄武夫,莫以爲意。」以下方接「至孝文皇帝」云云,今據改。

〔註 7〕據《劉歆傳》,漏一「篇」字,今據補。

〔註 8〕據《劉歆傳》,漏一「不」字,今據補。

攷曰：臣瓚曰：「當時學者謂《尚書》唯有二十八篇，不知本存百篇也。」案：《論衡》云：「或說《尚書》二十九篇者，法斗四七宿也，四七二十八篇，其一曰斗矣。」此漢時謂《尚書》唯有二十八篇之證也，《尚書》雖不只此，而秦燔之後，所存止此，則雖不備，而不能不謂之備矣，乃欲以贗本攙入之，豈不哀哉？

又曰：「其古文舊書，皆有徵驗，外內相應，豈苟而已哉？」

攷曰：劉歆建立古文諸經，爲漢世經學一大變局，漢人傳經，首重師法，十四博士皆習今文，門戶雖分，源流本合，若今古並立，則物不兩大，古文既盛，今學將亡，其後莽、歆一敗，博士復故，而此風一動，衛、賈、馬、鄭從而煽之，於是《左傳》、《毛詩》、古文《尚書》皆行於時，而十四博士之傳，永隊於地。觀乎此，乃知師丹、龔勝諸大儒，守正不變，誠深識遠慮，非黨同妒眞也。歆云：「與其過而廢之，甯過而立之。」古書不可聽其亡，置之學官，以備參稽，未爲不可，然諸書自《毛詩》以外，皆無師說，歆自以意立說，於《周官》既創通大義，《左氏》之引傳解經者，亦始於歆，則古文《尚書》有說解，亦必自歆始，如以三公爲太師、太傅、太保，以六宗爲乾坤六子，以父師爲箕子，以文王爲受命九年而崩，歆說至今可考見者，皆不與今文《尚書》同，是其明證。歆意欲以一人之新說，盡易十四博士之顓門，與王安石作《三經義》，前後一則輒。歆又云：「皆有徵驗，外內相應。」歆意尤重《左氏春秋》，特以孤經少與，恐人不信，乃引古文《尚書》、《毛詩》、逸《禮》與相應和，又引在下之庸生諸人，以扶其說。歆爲國師，而璜、惲皆貴顯，則傳古文者，皆曲學阿世之輩，豈眞能扶微學哉？厥後馬、鄭諸儒，引《周禮》解古文《尚書》，引《左氏傳》解《毛詩》，以爲徵驗不誣，正用歆說，而王肅僞造古文孔《傳》，又僞造《家語》、《孔叢子》、《孝經》、《論語》孔《注》，以相印證，亦豈非祖歆之智哉？

《孔光傳》曰：「忠生武及安國，武生延年，延年生霸〔註9〕，霸生光焉，安國、延年皆以治《尚書》爲武帝博士，安國至臨淮太守，霸亦治《尚書》，事太傅夏侯勝，昭帝末年爲博士。」

攷曰：此孔安國古文《尚書》但有經文而無師說之證也，漢人重家

〔註9〕據《孔光傳》，原文有「字次儒」三字，皮氏所引略之。

法，歐陽生至歙，八世皆治歐陽《尚書》，霸乃安國從孫，延年之子，如安國古文有師說，霸豈得舍而事夏侯，且漢博士皆以今文教授，安國、延年爲漢武博士，其教授必用今文，則孔氏雖以古文起其家，非別有古文傳注也。《儒林傳》云：「歆數見丞相孔光，爲言左氏，以求助，光卒不肯。」據歆移書博士，以古文《尚書》與《左氏春秋》並舉，如古文尚書有孔安國師說，光何得不肯建立乎？

《漢書・儒林傳》與《史記》同，後云：「是後，魯周霸、洛陽賈嘉頗能言尚書」云。

攷曰：孟堅於周霸下，去孔安國三字，意謂安國乃治古文，非治伏生今文者也。不知安國以今文讀古文，實由先習今文。史公云：「孔安國能言尚書事。」謂今文尚書也。故後別言之，云：「孔氏有古文《尚書》，安國以今文讀之。」孟堅於伏生今文《尚書》一家，删去孔安國名，其於今古文家法，蓋未晰也。則爲遷書多古文說，恐亦未可盡據。

又曰：「歐陽生，字和伯，千乘人也，事伏生，授兒寬，寬又受業孔安國，至御史大夫，自有傳，寬有俊材，初見武帝，語經學，上曰：「吾始以《尚書》樸學，弗好，及聞寬說，可觀，乃從寬問一篇。」歐陽大小夏侯氏學皆出於寬。

攷曰：三家《尚書》皆出於寬，寬受業歐陽，又受業孔安國，此西漢《尚書》今古文本同一家之明證也。漢博士皆傳今文，安國必以今文教授，然史公云：「兒寬既通《尚書》，詣博士受業孔安國。」則似兒寬以所得於歐陽者爲未足，聞安國有古文學，欲更受之，使寬專習今文，則安國之學，亦與歐陽無異。寬既通歐陽《尚書》矣，又何必受業安國，而帶經誦習，如是之勤哉？安國以古文《尚書》起家，意必有校勘攷定之詞，於今古文異同多寡處，或係以說，此之謂古文說，其古文與今文同者，說解仍同今文，必不盡易今文之說，若馬鄭之紛紛也，兒寬得之，以授歐陽，而三家《尚書》皆出於寬，則安國古文說已在三家《尚書》中，後之異於三家，而託於安國者，可不攻自破矣。

又曰：「平帝時，又立《左氏春秋》、《毛詩》、逸《禮》、古文《尚書》。」

攷曰：此皆劉歆所爲也，歆於哀帝時移書博士，卒不得立，至是，王莽信而立之，立學必有章句義說，《左氏》章句創於歆，古文《尚書》章句亦創於歆可知，衛、賈、馬、鄭當有襲其說者。

《後漢書・杜林傳》曰：「林前於西州得漆書古文《尚書》一卷，常寶愛之，雖遭艱困，握持不離身，出以示宏等曰：『林流離兵亂，常恐斯經將絕，何意東海衛子、濟南徐生復能傳之，是道竟不隊於地矣，古文雖不合時務，然願諸生無悔所學。』宏、巡益重之，於是古文遂行。」

攷曰：杜林漆書，近人頗疑其僞，伯山非作僞者，其說亦不難解，伯山杜鄴之子，張敞之外孫，兩家皆通古文，《漢書・杜鄴傳》曰：「鄴子林，清靜好古，其正文字過於鄴，竦，故世言小學者，由杜公。」《藝文志》曰：「《蒼頡》多古字，俗師失其讀，宣帝時，徵齊人能正讀者，張敞從受之，傳至外孫之子杜林，爲作訓故，並列焉。」《志》列杜林《蒼頡訓纂》一篇、杜林《蒼頡故》一篇，是伯山之古文本有師承，孔壁古文，藏中秘，外人苦不得見，新莽之亂，或散民間，此漆書一卷，疑即中秘古文散逸者，伯山得而寶愛之，如今嗜古之人，得古篆籀數行，輒珍秘之，以爲至寶耳，漆書古文，必是竹簡，而伯山握持不離身，則其云一卷者，實止一卷，而非全文矣，書非全文，而能傳全經者，《傳》云：「林博洽多聞，時稱通儒。」則其於古文《尚書》，必已誦習，後得漆書一卷，乃更訂正其文，以爲定本，伯山精於小學，其訂正者，必較他本古文《尚書》爲善。衛、賈、馬、鄭所傳皆此本，後人以杜林古文即孔壁古文，殊非是，而以漆書爲杜林僞造，亦未必然，然其書或有校正之文，亦無訓解，訓解出於衛、賈、馬、鄭也。

《賈逵傳》曰：「父徽從劉歆受《左氏春秋》，兼習《國語》、《周官》，又受古文《尚書》於塗惲，學《毛詩》於謝曼卿，作《左氏條例》二十一篇，逵悉傳父業，弱冠，能誦《左氏傳》及五經本文，以大夏侯《尚書》教授。

攷曰：景伯傳其父古文《尚書》，乃以大夏侯《尚書》教授者，古文不立學，受之者稀，且其時訓解尚未備也，塗憚當從《漢書》作塗惲，此作憚，誤。

又曰：「肅宗立，降意儒術，特好古文《尚書》、《左氏傳》，建初元年，詔逵入講北宮白虎觀，南宮雲臺。」

攷曰：肅宗之好古文，乃賈景伯坿會文致之力也。逵奏曰：「臣以永平中，上言左氏與圖讖合者，先帝不遺芻蕘，省納臣言。」是景伯當顯宗時，已增竄《左氏傳》文，謂劉氏爲堯後，故肅宗信而好之，上有好者，下必甚焉，於是古文盛而今文衰矣。然白虎觀講五經同異，帝親稱制臨決，而《白虎通義》皆用今文家說，蓋今文通行已久，一時好尚，未能猝變也。

又曰：「逵數爲帝言古文《尚書》，與經傳爾雅訓詁相應，詔令撰歐陽大小尙書古文同異，逵集爲三卷。」

攷曰：《儒林傳》云：「賈逵作訓。」則古文《尚書》之訓詁，始於景伯，其撰《同異》三卷，必有古文作某，今作某者，惜今不可見耳。

又曰：「八年，迺詔諸儒，各選高才生，受《左氏》、《穀梁春秋》、《古文尙書》、《毛詩》，由是四經遂行於世，皆拜逵所選弟子，及門生爲千乘王國郎，朝夕受業黃門署，學者皆欣欣羨慕焉。」

攷曰：漢世經學之盛，蓋利祿之途然也，古文不立學，故不能興，景伯導以利祿之途，而古文行於世矣，四經行而二家公羊、三家詩、三家尚書遂亡，若景伯者，非古文之功首，今文之罪魁歟。

論曰：鄭賈之學，行乎數百年中，遂爲諸儒宗，亦徒有以焉爾。桓譚以不善讖，流亡；鄭興以遜辭，僅免；賈逵能附會文致，最差貴顯。世主以此論學，悲矣哉！

攷曰：蔚宗此論爲《左氏春秋》發也，然此爲今古文廢興一大關係，非止《左氏春秋》。漢時十四博士所傳今文爲一家，古文《尚書》、《毛詩》、《左傳》爲一家，故劉歆欲立《左氏春秋》，必牽引古文《尚書》、《毛詩》，賈逵欲興《左氏春秋》，亦必牽引古文《尚書》、《毛詩》，歆之說行於王莽，而旋廢，逵之說行於肅宗，而其學遂興矣，景伯於《左氏春秋》增益僞文，附會圖讖，其曲學阿世，亦與劉歆之作僞阿莽略同，古文《尚書》訓今不傳，許叔重師賈侍中，《說文》及《五經異議》所引古《尚書》說，蓋多本賈說。

《後漢書・儒林傳》曰：「前書云：孔安國傳古文《尙書》，授都尉朝，朝授膠東庸譚，爲《尙書》古文學，未得立。」

攷曰：庸生名譚，僅見於此。

又曰：「孔僖字仲和，魯國魯人也，自安國以下，世傳古文《尙書》、《毛詩》。」

攷曰：安國所據孔壁古文，其家必有副本，故世傳之，然孔霸、孔光皆習大夏侯《尚書》，大夏侯有孔、許之學，似孔氏亦不皆傳古文，蓋古文無師說，雖傳古文，不能不兼習今文，孔氏與賈逵皆傳古文《尚書》，而用大夏侯教授，故夏侯家說間有與古文尚書相出入者，不如歐陽純用今文，其所傳之字，亦間用古字，漢書多古字，是其證。班氏世習夏侯尚書。所謂以古文起其家者，不過守此孤本，傳爲世學耳。

又曰：「楊倫師事司徒丁鴻，習古文尚書。」

攷曰：《丁鴻傳》云：「鴻年十三，從桓榮受歐陽《尚書》，三年而明章句。」不言鴻治古文《尚書》，此文蓋誤，當改古文《尚書》爲歐陽《尚書》。

又曰：「扶風杜林傳古文《尚書》，林同郡賈逵爲之作訓，馬融作傳，鄭元注解，由是古文《尚書》遂顯於世。」

攷曰：此馬鄭古文《尚書》出於杜林之確塙證也，當時傳古文《尚書》者非一人，杜伯山獨得漆書，校正其文，其本最善，賈景伯傳其父古文《尚書》，必用伯山本爲之作訓，蓋亦以其本爲善耳。然伯山所得漆書止一卷，其所定本未必皆合於孔壁古文，蓋孔壁眞本藏於中秘，其民間私授者，無不以意增損，如〈堯典〉：「帝曰：『我其試哉。』」脫「帝曰」；〈皋陶謨〉複出「夔曰」八字；〈般庚〉：「優賢揚」作「心腹腎腸」；〈毋佚〉三宗去太宗而增祖甲，皆與今文不合，其說乖謬，必非孔壁古文之舊也。孔穎達以馬鄭古文爲張霸僞書，固非，閻、江、王、段以杜林古文爲孔壁古文，亦豈其然乎？

又曰：「衛宏，字敬仲，東海人也，少與河南鄭興俱好古學，初九江謝曼卿善毛詩，迺爲其訓，宏從曼卿受學，因作《毛詩序》，善得風雅之旨，於今傳於世，後從大司空杜林，更受古文《尚書》，爲作《訓旨》。

攷曰：前云賈逵爲杜林古文《尚書》做《訓》，此又云衛宏爲作《訓旨》，是杜伯山僅傳古本，並無訓故，訓故始於衛、賈兩君，今所傳古文〈書序〉，與《史記》所列今文〈書序〉多不相符，未知出於何人？魏默深以衛敬仲做〈毛詩序〉，疑古文〈書序〉亦敬仲所爲，然無確證。

〈鄭元傳〉：「鄭元，字康成，北海高密人也，造太學受業，師事京兆第五元先，始通京氏《易》、《公羊春秋》、《三統曆》、《九章算術》，又從東郡張恭祖受《周官》、《禮記》、《左氏春秋》、《韓詩》、古文《尚書》，以山東無足問者，乃西入關，因涿郡盧植，事扶風馬融。」

攷曰：康成於《易》、《詩》、《禮》、《春秋》，皆先通今文，後通古文，獨於《尚書》，不言曾習今文，然康成注《尚書大傳》，則於今文亦必兼通，故康成注《書》，名爲古文，亦兼用今文義。康成事馬季長，其注《書》與季長又異，馬、鄭注雖不具，其大略可考見，或馬從今文，鄭從古文；或馬從古文，鄭從今文。蓋古文無師說相傳，衛、賈、馬、鄭各以意爲之說，或襲今文舊說，或以《周禮》諸書易之耳。鄭學不名一家，箋《詩》注《禮》皆然，非止《尚書》。以鄭注皆爲古文已不盡然，以鄭注皆爲今文，尤屬非是。

鄭康成《書贊》曰：「《書》初出屋壁，皆周時象形，今所謂科斗書，以形言之，爲科斗，指體即周之古文。」

攷曰：《漢書藝文志》云：「六體者，古文奇字，篆書、隸書、繆篆、蟲書。」又云：「《史籀篇》者，《周官》史官教學童書也，與孔壁中古文異體。」《說文・自序》云：「蒼頡初作書，依類象形，謂之文。」及宣王太史籀著大篆十五篇，與古文異，至孔子書六經，皆以古文，秦燒經書，古文絕矣，亡新居攝，校文書之部，時有古文，孔子壁中書也，壁中書者，魯共王壞孔子宅所得，其說與《漢志》合，但云古文與篆籀異，不言爲科斗書，《說文・自序》云：「其稱《書》孔氏，皆古文。」今《說文》所引古文，並非科斗，鄭說恐未可據。《說文》所列古文字亦無幾，蓋本於賈侍中所受杜林漆書，漆書止一卷，非完文也。

又曰：「我先師棘下生子安國，亦好此學，自世祖興，後漢衛、賈、馬二三君子之業，則雅才好博，既宣之矣。」

攷曰：此鄭君古文《尚書》，本衛、賈、馬之明證也。鄭受古文《尚書》於張恭祖，乃不齒及，殊不可解，又稱安國爲先師，鄭意蓋以杜林古文即安國古文矣。今攷鄭注《尚書》，義多可疑，若所據本即安國原文，不應與伏生今文殊異，如此之甚，然則近舍東郡，而遠引臨淮，亦遙遙華胄耳，王子擁出，乃以其臆造之傳，託之安國，蓋攻鄭而實師鄭也。

又曰：「歐陽氏失其本義，今疾此蔽冒，尤復疑惑未悛。」

> 攷曰：鄭注伏生《大傳》，而詆斥歐陽，其意皆以衛、賈、馬古文說即安國之說，亦即伏生之說。而歐陽氏之異於者，爲失其本義也，鄭注《大傳》時，以古文說易《大傳》之文，蓋亦以《大傳》非扶生原文，爲歐陽氏所亂也。然觀鄭注《大傳》多所發明，而以古文易《傳》文，則其說殊謬，是歐陽氏未嘗失其本義，而衛、賈、馬、鄭之說，非安國之故，亦非伏生之故矣。漢自劉歆移太常，范升、陳元爭立左氏之後，今古文家視同仇敵，今文通行已久，文字傳寫多譌俗，可證。衛、賈、馬諸君崇古學，但宜以古文攷正今文之譌俗，而不必盡變今文之說，古文所無者，以意補之，今文所有者，以意更之。《周官》一經，與諸經多不合，今文家如張、包、周、何劭公、臨孝存，並不之信，諸君乃引其文，以易《尚書》古義，無論《周官》不足據，即使足據，亦但可以解周公定禮之後，乃以周制遠繩上古，不亦愼乎？〈康成傳〉未言其習《今文尚書》，於歐陽諸家，蓋未深究其義，而以衛、賈、馬先入之言爲主，故反以歐陽爲蔽冒矣。

《後漢書·劉陶傳》曰：「陶明《尚書》、《春秋》爲之訓詁，推三家《尚書》及古文，是文字三百餘事，名曰《中古尚書》。」

> 攷曰：漢中秘所藏孔壁古文，新莽、赤眉之亂，未必尚在，劉陶所據古文，蓋亦杜林本耳，張懷瓘《書斷》以爲劉陶所據杜林漆書，是也。

衛宏《古文官書序》曰：「伏生老不能正言，言不可曉也，使其女傳言教錯，齊人語多穎川異，錯所不知者，凡十二三，略以其意屬讀而已。」

> 攷曰：晁錯受《尚書》時，伏生書已通行，山東大師，無不涉《尚書》以教，是《尚書》並非不可知之書矣，其必使女傳言教錯者，漢人治經，率由口授，晁錯奉帝命受學，故不徒用簡策，而使女口授之，齊人語與穎川雖異，自有簡策可憑，烏有略以其意屬讀者哉？敬仲榮古虐今，意以伏生所傳今文，皆不可信，〈僞孔序〉云，失其本經，口以傳授，即用敬仲之說，而又甚者焉。

《論衡·正說篇》曰：「濟南伏生抱百篇，藏于山中，孝景皇帝時，始存《尚書》，伏生已出山中，景帝遣晁錯往，從受《尚書》二十餘篇，伏生老死，書殘不竟，晁錯傳於兒寬，至孝宣皇帝之時，河內女子發老屋，得逸《易》、《禮》、

《尚書》各一篇，奏之，宣帝下示博士，然后《易》、《禮》、《尚書》各益一篇，而《尚書》二十九篇始定矣。至孝景帝時，魯恭王壞孔子教授堂以爲殿，得百篇《尚書》於牆壁中，武帝使使者取視，莫能讀者，遂秘於中，外不得見。」

攷曰：仲任所說，與《史記》、《漢書》皆異，今據《史》、《漢》爲正。景帝時，晁錯已大用，何暇使受《尚書》？伏生教於齊、魯之間，本止二十九篇，非因老死不竟，兒寬受《書》於歐陽生，孔安國未嘗受《書》晁錯，河內女子發老屋不在宣帝之時，《史記》言伏生教於齊、魯，即有二十九篇，何待發老屋益一篇，而二十九篇始定哉？惟言魯恭王壞孔壁在景帝時，足正《漢書》之誤，云武帝取視，亦與孔安國家獻之說不同，兒寬爲御史大夫，以太初二年薨，閱三年爲天漢元年，武帝或因寬言，安國有古文《尚書》，乃使使者取視，其時安國已卒，其家獻之，亦未可知也。

〈感類篇〉曰：「古文家以武王崩，周公居攝，管、蔡流言，王意狐疑周公，周公奔楚，故天雷雨以悟成王。」

攷曰：仲任以章帝章和二年家居，年漸七十，其卒當在和帝之初，章帝時，賈逵用事，興古文，仲任所云古文家，即衛、賈之說，此馬、鄭周公避居之說所自出，西漢以前，無此說也。仲任習今文，不習古文，故於今文說，辨駁數千言，於古文不置一辭。

《說文解字·敘》曰：「壁中書者，魯恭王壞孔子宅，而得《禮記》、《尚書》、《春秋》、《論語》、《孝經》。」

攷曰：段玉裁說：「《尚書》者，《志》言《尚書》古文經四十六卷，爲五十七篇，以攷伏生經二十九篇，得多十六篇。」劉歆亦云：「得古文逸書十六篇。」要之，伏生所有，以及所無，皆爲古文矣。古文出於壁中，故謂之壁中書，晉人謂之科斗文。王隱曰：「太康元年，汲郡民盜發魏安釐王冢，得竹書漆字科斗之文，科斗文者，周時古文也，其字頭麤尾細，似科斗之蟲，故俗名之焉。」據此，則科斗文乃晉人里語，而孔安國敘《尚書》，乃有科斗文字之稱，其爲作僞，固顯然可見矣。案段氏證孔氏之僞，是也，以科斗爲晉人里語，則未盡然，鄭君《書贊》已有科斗書之語，作僞〈敘〉者，即習鄭君語耳。然《說文》中古文，並非科斗形，與鄭說亦不合。

又曰：其稱《易》孟氏、《書》孔氏、《詩》毛氏、《禮》、《周官》、《春秋》左氏、《論語》、《孝經》皆古文也。

攷曰：段玉裁說，言其稱《易》孟氏、《書》孔氏、《詩》毛氏、《禮》、《周官》、《春秋》左氏、《論語》、《孝經》謂全書中明論厥誼，往往取證於諸經也。謂稱引諸經，皆壁中古文本也。《易》孟氏非壁中明矣，古書之言古文者有二：一謂壁中經籍，一謂蒼頡所製文字。雖命名字相因，而學士當區別，如古文《尚書》、古文《禮》，此等猶言古本，非必古本字字皆古籀，今本則絕無古籀字也，且如許書，未嘗不用魯《詩》、《公羊傳》、今文《禮》，然則云皆古文者，謂其中所說字形字音字義，皆合倉頡、史籀，非謂皆用壁中古本明矣。案許君〈敍〉稱所引經皆古文，而《說文》引經，今文居多，其引古文，必標出之，其餘不盡古文可知，後人解此，皆不了了。段說古文不皆壁中古本，引《易》孟氏非壁中爲證，甚塙。許君〈敍〉言壁中書祇有《禮》、《尚書》、《春秋》、《論語》、《孝經》，而《毛詩》、《周官》並不在內，非止《易》孟氏也。段又云：「皆古文」謂說字形音義皆合倉頡、史籀，則不盡塙。《說文》引經，半屬叚借，非必說字形音義，皆合古文，漢世今文通行，通今文者，不必盡通古文；通古文者，未有不通今文，《五經異義》兼引今說古說，此許君兼通今古文之證。《說文》以古文爲重，故雖多引今文，而〈敍〉專標古文，不妨畧今文也。《易》孟氏亦曰者，孟氏《易》與費氏《易》通，故亦得言古文，此專明《尚書》，不贅論。